Ravensburger Elternbücher

Band 36

Frances Krebs

Unser Kind wünscht sich ein Tier

Umgang mit Haustieren und ihre Pflege

Mit Zeichnungen
von Ellen-Ingrid Baumanns

Otto Maier Verlag Ravensburg

Originalausgabe

Erste Auflage 1973

Umschlagentwurf: Lemke-Pricken Team, Düsseldorf
Zeichnungen: Ellen-Ingrid Baumanns, Hamburg
Satz: Aktino KG, Berlin
Druck und buchbinderische Verarbeitung:
Officine grafiche Il Resto del Carlino, Bologna
Printed in Italy 1973
ISBN 3 473 40036 X

Inhalt

Wenn Kinder sich ein Tier wünschen

Tiere im Haus bedeuten Freude und Vergnügen, Gesellschaft und Unterhaltung für die ganze Familie. Sie bedeuten aber auch Arbeit und Mühe – wie jeder lebendige Hausgenosse, der auf die Hilfe seiner Umwelt angewiesen ist. Für jedes Tier ist das Haus oder die Wohnung eine artfremde Umgebung, ist der Käfig ein Gefängnis. Nur wenn wir dem Tier einen Lebenskreis verschaffen, der seinem Wesen und seinen Lebensgewohnheiten entspricht, wird es sich bei uns wohlfühlen. Wenn wir es sich selbst überlassen, verkümmert es wie ein Kind, das ohne Liebe aufwächst.

Kinder wissen nicht immer, was sie wollen!

Wenn Sie den Bitten der Kinder nachgeben und ein Tier kaufen, sollten Sie bedenken, daß seine Entwicklung allein von Ihnen und Ihrer Familie abhängt, und daß Sie die Verantwortung übernehmen. Darum sollten Sie sich gut überlegen, ob Sie wirklich ein Tier haben wollen, mit allen Pflichten, die damit verbunden sind – in erster Linie für Sie als Eltern. Sie tun dem Tier keinen Gefallen, wenn Sie nicht bereit sind, ihm die richtige Pflege zu geben, die es braucht. Es genügt nicht, ihm das Futter hinzustellen und den Käfig sauberzuhalten. Man muß sich regelmäßig, täglich mit ihm beschäftigen, mit ihm sprechen und spielen. Nur dann gewinnt es Vertrauen, nur dann entwickelt es sich zu dem zutraulichen, anhänglichen und amüsanten Hausgenossen, den Sie sich für Ihre Kinder wünschen.

Haben Sie auch genügend Zeit?

Wenn Ihre Kinder durch Schule, Sport und Hobbys voll ausgefüllt sind, wenn Sie vielleicht berufstätig und viele Stunden am Tag nicht zu Hause sind, dann sollten Sie entweder auf Tierhaltung ganz verzichten oder ein Tier wählen, das nicht sehr viel Pflege und Aufmerksamkeit beansprucht. Denken Sie einmal daran, wie oft die Kinder schon für die täglichen kleinen Pflichten keine Zeit finden und wie wenig Muße Ihnen selber neben Beruf und Hausarbeit bleibt. Werden Sie wirklich noch die Energie aufbringen können, ein Tier liebevoll und sorgfältig zu pflegen, und nehmen sich die Kinder die Zeit, sich regelmäßig mit ihm zu beschäftigen?

Sind Sie eine vielbeschäftigte Hausfrau und Mutter, dann sollten Sie vor allem an die Mehrarbeit denken, die ein Tier verursacht. Verlassen Sie sich nicht auf die (ganz ehrlich gemeinten) Beteuerungen Ihrer Kinder, für den neuen Spielgefährten ganz allein zu sorgen. Sicherlich, der gute Wille ist da, und es ist zweifellos sehr erzieherisch, einem Kind die Sorge für ein Tier zu übertragen. In der täglichen Praxis sieht das aber häufig so aus: Vater arbeitet, die Kinder – wenn sie nicht gerade in der Schule sind – müssen Schularbeiten machen, Klavierspielen üben oder Hockey spielen. Wer also erbarmt sich schließlich und geht mit dem kleinen Dackel spazieren? Mutter!

Darum ist dieses Buch für Sie, die Eltern und besonders die Mutter geschrieben. Es will Ihnen bei der Pflege und Erziehung Ihrer Haustiere helfen. Denn die Sorge dafür wird wohl immer an Ihnen hängenbleiben, auch wenn sie nur darin besteht, die Kinder anzuhalten und anzuleiten, ihre Pflegepflichten pünktlich und ordentlich zu erfüllen.

Die idealen Hausgenossen

Das sind alle Tiere, die man ohne Schwierigkeiten in der Wohnung halten kann. Wenn Sie ein eigenes Haus und einen Garten besitzen, können Sie sich fast jedes Haustier zulegen. Sobald Sie aber auf Nachbarn Rücksicht nehmen müssen und nur über beschränkten Platz verfügen, wird die Auswahl geringer. Im allgemeinen kann man sagen, daß sich kleine Säugetiere, Singvögel und Fische auch in einer kleinen Wohnung noch befriedigend unterbringen lassen. Selbst in einem möblierten Zimmer dürfte es gegen ein Aquarium oder einen Käfig mit weißen Mäusen keine Einwände geben. In einer Etagenwohnung können Sie einen Hund oder eine Katze halten, sofern Sie dem Tier genügend Bewegung verschaffen. Schauen Sie sich aber, bevor Sie ein Tier kaufen, genau Ihren Mietvertrag an. Die meisten Verträge enthalten eine Klausel, die Tierhaltung nur nach Einwilligung des Vermieters erlaubt oder überhaupt verbietet. Der Vermieter kann die Genehmigung zurückziehen, wenn sich später die übrigen Mieter durch Ihr Tier belästigt fühlen. Vor allem in großen Wohngemeinschaften gibt es solche Einschränkungen.

Sie werden sehen, daß es selbst innerhalb einer Gattung große Unterschiede gibt. Zum Beispiel Kleinsäuger, die fast noch in einer Zigarrenkiste leben könnten, und andere, wie Eichhörnchen, denen Sie unbedingt ein großes Gehege im Garten als Ersatz für die freie Natur bieten müssen. Unter den Fischen gibt es anspruchslose und schwierige »Problemfische«, die für Anfänger nicht zu empfehlen sind. Auch einige Hunde- und Vogelrassen sollten Sie nur halten, wenn Sie im eigenen Haus leben. Einen Bernhardiner zum Beispiel dürften Sie nie in eine enge Mietwohnung verbannen. Im Apartmenthaus einen Papagei zu halten, ist zwar keine Tierquälerei, aber eine Zumutung für die Nachbarn, wenn er sie in aller Frühe mit seiner durchdringenden Stimme weckt. Auch ein kleiner Dackel, der viel bellt, kann Ihren Nachbarn auf die Nerven fallen, mag er noch so ideal für Sie und Ihre Wohnung sein. Finden Sie heraus, ob Ihre unmittelbaren Nachbarn tierfreundlich sind, bevor Sie sich einen lebhaften Hausgenossen anschaffen. Dann können Sie zumindest auf Verständnis hoffen. Und sorgen Sie dafür, auch wenn Sie nur Kleintiere halten, daß kein unangenehmer Geruch aus Ihrer Wohnung dringt. Bei richtiger Pflege haben Sie das nicht zu befürchten.

Welches Tier paßt zu Ihrer Familie?

Das hängt nicht allein von den räumlichen Verhältnissen, es hängt auch von der Zusammensetzung Ihrer Familie ab. Möchten Sie etwas Hübsches zum Anschauen, im übrigen aber Ihre Ruhe haben, dann wären Fische vielleicht die richtigen Hausgenossen für Sie. Doch Ihre Kinder könnten sich mit den stillen Wasserbewohnern langweilen. Sie wollen sicher lieber einen munteren Spielgefährten und Gesellschafter haben. Ein lebhafter Hund bereitet ihnen so viel Vergnügen, daß sie es nicht als Mühe empfinden, sich viel mit dem Tier beschäftigen zu müssen.

Lassen Sie sich daher bei Ihrer Wahl auch nicht allein davon leiten, welches Tier die wenigste Arbeit macht. Wichtiger ist, welches Verhältnis Sie und Ihre Kinder zu bestimmten Tieren haben. Das heißt: Wenn Sie Singvögel lieben, sollte es Sie nicht beeinflussen, daß Hamster vielleicht billiger, genügsamer und leichter zu pflegen sind.

Tiere für Kinder

Einige Tiere gibt es, die – neben Hund und Katze – bei Kindern besonders beliebt und als Spielgefährten bewährt sind. Es sind vor allem Meerschweinchen, Goldhamster, weiße Mäuse und Schildkröten. Schenken Sie ihm eines dieser Tiere, dann können Sie ziemlich sicher sein, daß Ihr Kind viel Freude daran haben wird.

Außerdem sind sich Pädagogen und Psychologen über den erzieherischen Wert der Tiere als Hausgenossen einig. Kinder lernen, Verantwortung zu tragen und Pflichten zu übernehmen, Verhaltensweisen zu beobachten, Eigenleben zu respektieren und Rücksicht zu nehmen. Die Nähe und Wärme eines lebendigen Wesens, das keine Vorurteile und Abneigungen kennt, kann sogar manchmal auf sprachgestörte oder kontaktarme Kinder einen heilsamen Einfluß ausüben. Dennoch sollten Eltern hier besonders beachten, daß die Beschäftigung mit dem Tier nicht zur Abkapselung von der Umwelt führt.

Durch die Beschäftigung mit Tieren bekommen Kinder ein Verhältnis zur belebten Natur, wie sie es durch Filme, Bücher oder Erzählen von Tiergeschichten nie erhalten würden. Kinder sollten aber auch rechtzeitig mit Hilfe der Eltern lernen, daß jedes Lebewesen das Recht auf ein Eigenleben hat und daß sie dieses Recht respektieren müssen. Tierliebe hört da auf, wo dieses Eigenleben vergewaltigt wird – so ist z. B. der Hund von Natur aus ein Raubtier, und Schokoladen-Plätzchen sind nicht die richtige Ernährung für ihn.

Tiere lassen sich beobachten, und dazu sollten Eltern ihre Kinder anleiten. Wenn man ein Haustier halten möchte, muß man sein Verhalten kennen und erkennen, denn jedes Tier braucht die Behandlung, die seinem Wesen entspricht. Einen Goldhamster dauernd aus dem Schlaf zu wecken, nur weil man ihn sehen möchte, ist ebenso falsch wie einen Hund dazu zu erziehen, daß er stets in seinem Körbchen bleibt.

Kinder wollen mit Tieren spielen – ein ganz legitimer Wunsch. Doch das Spiel darf nicht zur Tierquälerei werden. Ein Meerschweinchen ist kein Ball, und ein Wellensittich wird recht bald verenden, wenn er mit lautem Geschrei durch die Wohnung gehetzt wird.

Tiere brauchen Pflege und Futter. Überfordern Sie Ihr Kind nicht, indem Sie es zwingen, allein für das Tier zu sorgen. Sie tun damit weder sich, dem Kind noch dem Tier einen Gefallen. Das, was das Kind für das Tier tun kann, muß seinem Alter entsprechen. Ein Sechsjähriger wäre überfordert, wenn er sich allein um einen Hund kümmern müßte, einen Goldhamster könnte er aber durchaus füttern und pflegen.

Welches Tier für welches Alter?

Tiere müssen dem Alter des Kindes angemessen sein. Für ein ein- bis zweijähriges Kind ist ein junger Hund als Spielgefährte viel zu ungestüm. Außerdem ist jedes Tier, das in der Wohnung frei herumläuft, in diesem Alter noch eine Gefahr für die Gesundheit des Kindes, das ja auf dem Boden herumkrabbelt und alles in den Mund steckt. Für Tiere in Käfigen oder Aquarien aber, die es nicht anfassen kann, interessiert sich ein so kleines Kind noch nicht. Auch für die sanfte Schildkröte wird es nur ein sehr begrenztes Interesse wie für ein Spielzeug zeigen.

Sie sollten auch beachten, daß Kinder nicht in jedem Alter richtig mit Tieren umgehen können. Zwei- und

Dreijährige haben absolut noch kein Gefühl für die Zartheit und Empfindlichkeit von kleinen Säugetieren oder Vögeln. Sie wollen in ihrer tolpatschigen Art damit spielen und verletzen sie ungewollt. Nimmt man daher ein Tier ins Haus, dann sollte man besonders dem kleinen Kind zuerst begreiflich machen, daß es dem Tier weh tut, unsanft an den Haaren gezogen oder zu fest gedrückt zu werden. Und von Fünfjährigen kann man noch nicht erwarten, daß sie sich ernsthaft an der Pflege beteiligen.

Der richtige, innige Kontakt zu Tieren entwickelt sich bei Kindern erst mit zunehmendem Verständnis, deshalb sollten sie erst ab etwa sieben Jahren ein »eigenes« Tier bekommen. Ihre erste Liebe gilt gewöhnlich den kleinen Säugetieren wie Goldhamster, Meerschweinchen oder Mäusen, die possierlich und niedlich anzusehen sind und auch geduldig mit sich spielen lassen. Für das differenziertere Wesen von Hunden und Katzen haben Kinder meist erst ab 8 oder 10 Jahren das richtige Verständnis. Dann aber ist das Tier der ideale Spielgefährte, mit dem sie aktiv spielen und herumtollen können. Etwa 10 bis 14 Jahre sollten Kinder sein, wenn man ihnen Fische oder Terrarientiere schenkt. In diesem Alter haben sie schon Spaß daran, das Verhalten der Tiere zu beobachten.

Das bedeutet jedoch nicht, daß nicht auch schon ein vierjähriges Kind mit Freude die bunten Fische im Aquarium anschaut, oder daß nicht auch noch eine 16jährige zärtlich mit einem kleinen Goldhamster spielen kann. Es bedeutet vor allem nicht, daß man irgendein Tier abschaffen sollte, wenn ein Baby geboren wird, nur weil zu einem Kleinkind eigentlich kein Tier »paßt«. Man sollte aber unbedingt die erforderliche Hygiene walten lassen und auf den nötigen Abstand zwischen Kind und Tier achten.

Tiere und Krankheiten

Gegner von Haustieren haben zwar recht, wenn sie warnend auf mögliche Krankheitsübertragungen hinweisen. Katzenräude, Hundeseuche und Toxoplasmose sind auch für Menschen ansteckend. Aber diese Krankheiten haben – ebenso wie die gefürchtete und gefährliche Psittakose oder Papageienkrankheit – heute ihre Schrecken verloren, seitdem es Antibiotika gibt. Zwei Erreger, die der Toxoplasmose und der Listeriose, können jedoch dem ungeborenen und dem neugeborenen Kind schweren Schaden zufügen. Sie werden vor allem durch Hunde, Katzen und Kaninchen übertragen. Im Umgang mit diesen Tieren sollten werdende Mütter sich daher besonders vorsehen.

Direkte Ansteckung durch Papageien oder Wellensittiche ist selten. Neuerworbene Vögel – und nicht nur Papageien – sollte man im Hinblick auf Psittakose oder Ornithose (Vogelkrankheit) trotzdem beobachten. Auch Tauben, Hühner und andere Vögel und Tiere können diese Krankheit übertragen, denn sie können vorher infiziert worden sein. »Küßchen geben« muß auf jeden Fall für die ersten drei Monate nach dem Kauf tabu sein.

Auch jungen Goldhamstern merkt man nicht an, ob sie Träger oder Ausscheider eines Virus sind, der beim Menschen eine Hirnhautentzündung hervorrufen kann. Mehrere Krankheitsfälle, die auf Goldhamster zurückzuführen sind, wurden in den letzten Jahren festgestellt. Allerdings wurde der Erreger nur bei Tieren nachgewiesen, die jünger als drei Monate waren. Kauft man einen jungen Goldhamster, dann sollte man ihn vorsichtshalber in den ersten drei Monaten von Kindern fernhalten und auch selber im Umgang mit dem Tier auf größte Hygiene achten.

Hygiene ist das Wichtigste, wenn kleine Kinder und

Was ist zu tun, wenn Ihre kleine Tochter eines Tages mit einem Meerschweinchen auf dem Arm nach Hause kommt oder der Sohn eine weiße Maus aus der Tasche zieht? Antworten auf viele Fragen und nützliche Tips für die richtige Haltung und Pflege der beliebtesten Haustiere will Ihnen dieses Buch geben.

Tiere ungefährdet zusammen in einem Haushalt leben sollen. Man muß aufpassen, daß nicht der Hund das Spielzeug beleckt und der Säugling es anschließend in den Mund steckt oder das Krabbelkind sich über die Reste der Katzenmahlzeit hermacht. Heranwachsende Kinder muß man rechtzeitig daran gewöhnen, sich nach jeder Berührung mit Tieren die Hände zu waschen. Verständliche Auswüchse der Tierliebe, zu denen die meisten Kinder neigen – Hund im Bett, Küßchen für den Hamster –, muß man im Interesse des Kindes energisch stoppen.

Woher bekommt man ein Tier?

Der einfachste und sicherste Weg ist über eine Zoohandlung oder einen Züchter. Zoogeschäfte führen gewöhnlich eine Auswahl an Vögeln, Fischen, Kleinsäugern, Schildkröten, häufig auch Hunde und Katzen. Sie sind auch in der Lage, ausgefallenere Tiere wie Affen oder Esel zu beschaffen. Zoohandlungen haben auch das richtige Futter für jedes Tier und geben gratis manchen guten Rat dazu. Die gängigsten Futtersorten, aber auch Käfige, Aquarien und Zubehör, ja sogar lebende Tiere kann man heute ebenfalls vom Versandhaus beziehen.

Einfangen sollten Sie kein wild aufgewachsenes Tier, denn ein noch so gut eingerichtetes und großes Gehege ist kein Ersatz für seine natürliche Umgebung in freier Wildbahn. Außerdem sind viele Tiere durch das Jagd- und Naturschutzgesetz geschützt – Sie würden sich also strafbar machen!

Es kann aber vorkommen, daß Sie ein verletztes Tier finden, daß Ihnen ein Tier zuläuft oder zufliegt. Besonders für Kinder ist es ein großes Erlebnis, ein krankes Tier gesund zu pflegen. Die Pflege und Haltung des Tieres setzt aber eine gewisse Sachkenntnis voraus. Beraten Sie sich mit dem Förster, dem Naturschutzbund oder dem Biologielehrer Ihres Kindes.

Vorsicht ist geboten, wenn ein wildlebendes Tier in freier Natur plötzlich zahm wird. Beobachten Sie dieses Tier ganz genau, bevor Sie sich ihm nähern, denn meist ist ein solches Tier krank.

Denken Sie an Ihre Ferien

Was wollen Sie mit Ihrem Tier anfangen, wenn Sie in Urlaub fahren? Sie können es vielleicht mitnehmen, wenn es unterwegs nicht zu viele Umstände macht, nicht zu empfindlich ist und schon als Jungtier ans Reisen gewöhnt wurde. Vorsicht bei Auslandsreisen! Viele Länder haben strenge Quarantänebestimmungen. Erkundigen Sie sich immer bei den zuständigen Konsulaten oder beim Reisebüro, ob Sie Ihr Tier mitnehmen können. Manche Familie verdankt ihrem Vierbeiner die Entdeckung heimatlicher Schönheit, weil sie ihm zuliebe auf eine Auslandsreise verzichten mußte. Freiwillig, weil sie sich nicht von ihm trennen wollte, oder unfreiwillig, weil keine geeignete Pflegestelle für ihn gefunden wurde. Für die meisten Tiere ist es am besten, sie in ihrer gewohnten Umgebung zu lassen, vielleicht in der Obhut einer Nachbarin, die dem Tier nicht fremd ist. Sind Sie bereit, die Pflegekosten im Tierheim zu bezahlen, vielleicht sogar für die Schildkröte und den kleinen Guppy, wenn sich in Verwandtschaft und Bekanntschaft niemand findet, der Ihre Pfleglinge betreut? Denken Sie auch an dieses Problem, bevor Sie sich ein Tier zulegen.

Unverhoffter Familienzuwachs

Wenn Sie Glück haben, wünschen sich Ihre Kinder Tiere zum Geburtstag oder zu Weihnachten. Dann können Sie noch mit viel Geschick und Überredungskunst versuchen, das Interesse von einem Krokodil auf einen tropischen Kleinfisch zu lenken, der sicher viel besser in Ihre Wohnung paßt. Manchmal aber haben Sie keine Zeit zum Überlegen. Denn es passiert bestimmt eines Tages, daß Ihre Kinder ein verlassenes Kätzchen nach Hause bringen oder ein Meerschweinchen – großzügiges Geschenk eines Freundes, dessen Käfig den Nachwuchs nicht mehr fassen konnte. Wahrscheinlich sind Sie im ersten Moment nicht gerade begeistert, aber zeigen Sie es nicht. Sie wollen doch Ihrem Kind nicht diese unvergleichliche Freude verderben, etwas Eigenes, Lebendiges zu besitzen, das ihm ganz allein gehört, um das es sich auch allein kümmern wird! (Tun Sie so, als ob Sie es glaubten.)

Aber was ist nun wirklich zu tun? In jedem Fall, ob Sie überraschenden oder geplanten »Familienzuwachs« bekommen, ob Ihre Kinder oder Sie selber den Wunsch nach einem neuen Hausgenossen haben, will dieses Buch Ihnen helfen, das Richtige für jedes Tier zu tun.

Kleine Säugetiere

Warum sie so beliebt sind

Tiere nur zum Anschauen, zum Beobachten sind bei Kindern weniger beliebt als bei Erwachsenen. Kinder wollen ein Tier anfassen, fühlen, mit ihm spielen können – sie brauchen das unmittelbare Erlebnis. Hunde, Katzen und natürlich auch Ponys und Esel stehen daher hoch in ihrer Gunst. Nur – diese Tiere verlangen eine intensive Pflege, genügend Platz und ziemlich viel Bewegung, abgesehen von manchmal erheblichen Anschaffungs- und Unterhaltungskosten. Für Stadtkinder ist selbst der Wunsch nach einem Hund oder einer Katze oft nicht zu erfüllen. Da gibt es dann zum Ausgleich – und nicht weniger zum Verlieben – Kleintiere wie Meerschweinchen, Goldhamster, Mäuse, Kaninchen, vielleicht auch einmal, wenn man einen Garten hat, einen zugelaufenen Igel.

Säugetiere, vor allem die Kleinsäuger, sind besonders geeignete und relativ anspruchslose Haustiere. Sie sind leicht zu zähmen und können sehr zutraulich und anhänglich werden. Im allgemeinen verlangen die kleinen Säugetiere weniger Aufmerksamkeit und Ansprache als etwa der Hund, der viel stärker domestiziert und vom Menschen abhängig ist.

Für jedes Tier den richtigen Käfig

Ganz wichtig ist es, daß jedes Tier in der Wohnung die Behausung erhält, die seiner Lebensart angemessen ist. Der Bedarf ist sehr verschieden und nicht immer von der

Größe des Tieres abhängig. Wie groß ein Käfig mindestens sein muß, wird noch bei jedem Tier angegeben. Mehr Platz ist immer besser als zuwenig. Käfige kann man fertig kaufen oder aus Holz und Maschendraht selber bauen. Eine geeignete Bauweise für einen Kleinsäugerkäfig: drei Seiten aus Holz, eine aus Glas, als Deckel Maschendraht, in einen Holzrahmen gefaßt. So ist das Tier am besten vor Zugluft geschützt und gut zu beobachten.

Soll der Käfig jedoch von starken Nagern bewohnt werden, dann ist ein Metallkäfig zu empfehlen: Holzwände werden angeknabbert. Auf jeden Fall sollte ein Holzkäfig aus Hartholz sein, z. B. Eiche oder Buche, und nicht lackiert. Es kann vorkommen, daß die Tiere die Farbe nicht vertragen und krank werden. Bei den einbrennlackierten oder verzinkten Metallkäfigen besteht diese Gefahr nicht. Für das Futter und für Wasser stellt man am besten zwei flache Schalen in den Käfig, aus glasiertem Ton, dickem Glas oder Email. Plastik ist nicht geeignet, da es zernagt werden könnte.

Alle Kleinsäuger lieben es, wenn sie sich zum Schlafen in einen kleinen Kasten zurückziehen können. Fertige Schlafkästen kann man kaufen. Entsprechen diese Kästen jedoch nicht der Größe des Tieres (es soll sich darin gut bewegen und umdrehen können, aber keinen Auslauf haben), dann können Sie leicht einen bauen.

In diesem geschützten Schlafkasten wird die Tiermutter auch stets ihr Nest bauen und die Jungen zur Welt bringen. Sie dürfen dort in der ersten Zeit, etwa zwei Wochen lang, in keiner Weise gestört werden, sonst kann es passieren, daß die Mutter ihre Jungen totbeißt oder auffrißt. Sie tötet aus Furcht, denn sie hat Angst, es könnte ihnen Unheil geschehen, wenn sich jemand am Nest zu schaffen macht.

Darauf muß man die Kinder besonders hinweisen, denn bei ihnen sind Neugier und Versuchung groß, doch einmal nachzusehen, was eigentlich in dem Nest versteckt liegt. Erst nach einer Woche darf man es riskieren, vorsichtig nachzuschauen und eventuell tote Junge zu entfernen.

Der fremde Geruch signalisiert dem Tier Gefahr. Darum hat es auch wenig Sinn, die Mutter abzulenken oder aus dem Käfig zu nehmen und zu glauben, dann be-

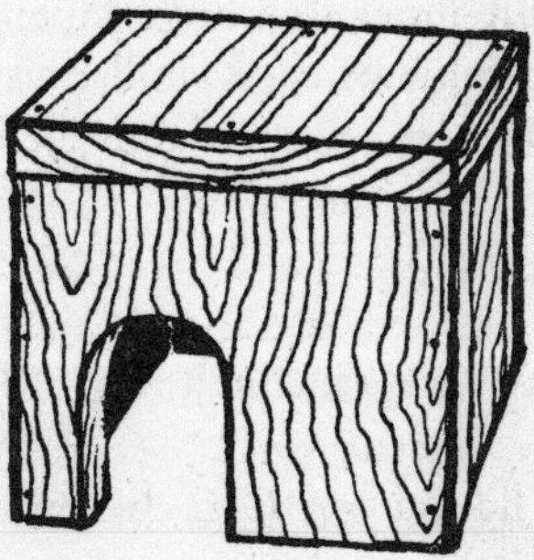

Die Konstruktion eines Schlafkastens ist einfach. Kinder können leicht dabei helfen oder den Kasten sogar selber bauen. Für einen Goldhamster zum Beispiel sollte er etwa 10 × 10 × 10 cm groß sein. Man schneidet die vier Seiten und das Dach am besten aus einem 10 cm breiten und etwa 1,5 cm starken Brett zu und nagelt die Teile zusammen. An einer Seite wird ein etwa 4 cm breites Einschlupfloch ausgesägt. Achten Sie darauf, daß keine Nägel im Innern des Kastens hervorstehen. Der Kasten bekommt keinen Boden, so kann man ihn zum Säubern einfach hochheben.

merke sie den Einbruch in die Kinderstube nicht. Auch kranke oder schwache Junge töten manche Tiermütter mit sicherem Instinkt: Sie wollen ihnen den späteren Lebenskampf, dem sie nicht gewachsen wären, ersparen.

Kinder sehen das anders. Ihnen scheint die Tiermutter böse und grausam. Eltern sollten deshalb ihren Kindern erklären, daß die Tiere instinktiv das Richtige tun, um die Aufzucht eines gesunden, lebensfähigen Nachwuchses zu sichern.

Säugende Muttertiere müssen stets besonders kräftiges und vitaminreiches Futter erhalten, außerdem etwas Büchsenmilch, die nicht so schnell sauer wird, verdünnt mit Wasser oder schwachem Kamillentee. Stellen Sie das Futter in die Nähe des Lagers, damit die Mutter es leicht erreichen kann.

Pflege beginnt mit Sauberkeit

Tierhaltung ist häufig mit Geruch verbunden, der – je nach Tierart – mehr oder weniger penetrant sein kann. Wer geruchsempfindlich ist, sollte bei der Wahl des Tieres auch diesen Punkt berücksichtigen. Im übrigen aber können lästige Gerüche sehr gemildert werden, wenn man den Käfig immer sauberhält.

Es ist zweckmäßig, den Boden des Käfigs mit einem herausnehmbaren Blech zu belegen, das jedoch keine scharfen Kanten haben darf. Das erleichtert die Reinigung. Auf den Blechboden geben Sie eine Schicht Torfmull oder Sägespäne; auch unbedruckte Papierschnitzel und gehäckseltes Stroh sind geeignet. Im Tierladen bekommt man eine besonders absorbierende und geruchsbindende Streu. Hat der Käfig keinen Blechboden, dann muß man entsprechend mehr saugfähige Streu verwenden, damit der Holzboden nicht feucht wird und fault. Feuchte Käfige sind für alle Kleinsäuger ungesund.

Statt eines Blechbodens kann man auch eine dicke Schicht Zeitungspapier unten in den Käfig legen, darauf die Streu geben und beim Saubermachen alles zusammen herausheben.

Die Streu sollte mindestens zweimal in der Woche gewechselt, der Käfig oder der herausnehmbare Blechboden einmal wöchentlich mit Seifenwasser oder einem desinfizierenden Reinigungsmittel ausgewaschen werden. Nur wenn Junge da sind, muß die Reinigung in den ersten beiden Wochen unterbleiben.

Während der Käfig gereinigt wird, setzt man das Tier in einen geschlossenen, mit Luftlöchern versehenen Karton, in den Sie etwas Streu und Futter geben können. Bei Nagetieren und nichtkletternden Tieren empfiehlt es sich, sie vorübergehend in der Badewanne einzuquartieren. Dort sind sie sicher aufgehoben und können in der Wohnung nichts anstellen.

Erwartet Ihr Kleinsäuger Nachwuchs, dann müssen Sie zusätzlich etwas weiches Nestmaterial wie Watte oder Zellwolle und Heu in den Käfig legen, damit die Mutter das Nest weich auspolstern kann. Das besorgt sie selbst. Auch für das Nachtlager in der Schlafbox ist Heu willkommen.

Die regelmäßige Reinigung des Käfigs ist eine Aufgabe, die auch jüngeren Kindern schon übertragen werden kann, sobald sie in der Lage sind, mit dem Tier vorsichtig umzugehen. Kinder können nie zu früh lernen, für die Lebewesen, die sie gern haben möchten, auch zu sorgen.

Sie sollen ja nicht nur das tun, was ihnen gerade Spaß macht: z. B. Füttern oder Spielen, sondern mit gleicher

Aufmerksamkeit auch die weniger angenehmen Pflichten erfüllen. Natürlich müssen die Eltern darüber wachen, daß die Aufgaben auch wirklich sorgfältig und pünktlich ausgeführt werden.

Wie man ein kleines Säugetier zähmt

Das einfachste ist natürlich, ein zahmes Tier zu kaufen. Aber das wird nicht immer möglich sein. Versuchen Sie dann wenigstens, ein junges Tier zu erstehen, das noch nicht lange von der Mutter getrennt ist. Ältere Tiere, die schlechte Erfahrungen mit den Menschen gemacht haben, sind manchmal nicht mehr zu zähmen. Junge Tiere beißen hin und wieder aus Furcht, sie fühlen sich angegriffen und wollen sich verteidigen. Bei einem älteren Tier ist Bissigkeit ein Zeichen, daß es nicht richtig gezähmt wurde. Mit viel Geduld wird es Ihnen vielleicht gelingen, ihm seine Unarten abzugewöhnen. Lassen Sie es zunächst einmal eine Woche ganz in Ruhe, bis ihm seine neue Umgebung vertraut ist. Dann beginnen Sie seine Erziehung genau wie bei einem Jungtier.

Geben Sie dem kleinen Hausgenossen das Futter, das er haben soll, getrennt in verschiedenen Gefäßen. Sie werden bald herausfinden, was sein »Leibgericht« ist. Reichen Sie es ihm durch das Gitter; eventuell entfernen Sie vorher das andere Futter. Kratzen Sie am Gitter entlang oder machen Sie irgendein anderes Geräusch, das Sie jedesmal wiederholen, bevor Sie ihm etwas zu fressen geben. Er wird das Geräusch bald mit »Futter« verbinden und herbeikommen, wenn Sie ihn auf diese Weise »rufen«. Natürlich dürfen Sie ihn nicht enttäuschen. Dem Lockruf muß immer die Belohnung folgen.

Bald können Sie mit der Hand in den Käfig fassen und dem Tier sein Futter reichen. Während es damit beschäftigt ist, streichen Sie sanft mit dem Finger über seinen Rücken. Duldet es das wiederholt, dann können Sie es auf Ihre Hand setzen und ihm zur Belohnung einen Leckerbissen geben. Es wird auf diese Weise schnell »Anfassen – Futter« assoziieren. Hat es sich einmal an Sie gewöhnt, dann brauchen Sie ihm nicht jedes Mal Futter zuzustekken, wenn Sie es in die Hand nehmen.

Sie sollten sich dem Tier auch stets mit langsamen und ruhigen Bewegungen nähern. Lautes Schreien, hektische Bewegungen und nervöses Gehabe bekommen keinem Tier.

Denken Sie daran, daß ein zahmes Haustier nur zahm bleibt, wenn man sich regelmäßig mit ihm beschäftigt. Sich selbst überlassen, vergißt es schnell seine »Erziehung«.

Wollen Sie züchten?

Die Frage wird akut, sobald Sie sich entschließen, Ihrem kleinen Hausgenossen Spielgefährten zu geben. Damit würden Sie Ihrem Tier einen Gefallen tun, aber wahrscheinlich auch sich selbst und Ihren Kindern, denn Tiere in Gesellschaft sind amüsanter als Einzeltiere. Sie müssen nur Männchen und Weibchen strikt getrennt halten, sonst können Sie sich des Nachwuchses bald nicht mehr erwehren. Wenigstens zwei Käfige sind erforderlich. Man setzt nur dann ein Pärchen vorübergehend zusammen, wenn der Fortbestand der Tierfamilie gesichert werden soll. Ist der Nachwuchs da, müssen die männlichen und weiblichen Jungtiere wieder rechtzeitig getrennt werden, bevor sie geschlechtsreif sind. Das Geschlecht läßt sich oft nur feststellen, indem man die Tiere vergleicht. Als Faustregel mag gelten, daß bei einem Weibchen der Abstand zwischen After und Geschlechtsteil geringer ist als beim Männchen.

Wenn ein Säugetier Winterschlaf hält

Der Winterschlaf ist für viele Kleinsäuger draußen in der Natur die einzige Möglichkeit, den harten Winter zu überleben. In den Herbstmonaten futtern sich die Tiere einen Winterspeck an, der während des Schlafes nur langsam abgebaut wird und bis zum Frühjahr vorhält. Die Körpertemperatur und die Herztätigkeit gehen in dieser Zeit stark zurück. Es ist gefährlich, ein Tier in diesem Zustand plötzlich aufzuwecken. Das könnte ihm einen tödlichen Schock versetzen.

Man unterscheidet übrigens Winterruhe und Winterschlaf.

Winterruhe: Die Tiere erwachen in bestimmten Phasen und müssen dann unbedingt Futter vorfinden.

Winterschlaf: Durch hormonale Steuerung wird die Stoffwechselfunktion des Körpers auf ein Minimum reduziert. Die Tiere erwachen im Frühjahr, wenn Temperatur und Nahrungsmöglichkeiten ihnen wieder optimales Auskommen garantieren.

Kleine Kinder können sich das kaum vorstellen. Sie werden oft in Versuchung kommen, ihren Spielgefährten aus seinem Dauerschlaf zu reißen. Man muß das unbedingt verhindern, notfalls den Käfig oder Kasten mit dem Tier außer Reichweite stellen.

Der Raum, in den Sie das Tier stellen, sollte frostfrei,

aber nicht wärmer als 3 bis 8 Grad Celsius sein und eine hohe Luftfeuchtigkeit haben.

Als zusätzliche Einstreu für den Winterschlaf sind etwas Moos oder trockenes Laub zu empfehlen, in die das Tier sich einbuddeln kann. Legen Sie ihm noch einen Apfel in den Käfig, denn es kann hin und wieder kurz aufwachen und braucht dann etwas Frisches. Kontrollieren Sie aber ab und zu, ob das Futter nicht verfault ist.

Möchten Sie jedoch nicht, daß das Tier den Winter verschläft, dann stellen Sie es in einen warmen Raum, und es wird bald von selber wieder aufwachen. Es ist nämlich für die meisten Kleinsäuger keine Notwendigkeit, in der Gefangenschaft Winterschlaf zu halten. Man kann es verhindern, indem man dafür sorgt, daß die Temperatur im Käfig nicht unter zehn bis zwölf Grad sinkt. Die angenehmste Temperatur liegt für die Kleinsäuger zwischen zwölf und zwanzig Grad, für Neugeborene etwas höher, jedoch auch für sie nicht über dreißig Grad.

Haustiere, die keinen Winterschlaf halten sollen, dürfen im Herbst nicht mehr als sonst üblich gefüttert werden, auch wenn sie besonders gefräßig sein sollten. Sie sollten aber dafür sorgen, daß die Kost mit Vitaminen angereichert wird. Dann ist das Tier gut für den Winter gerüstet.

Überhaupt muß man sich hüten, Tiere zu überfüttern. Sie werden nur träge, bewegen sich zu wenig und sind empfindlicher als ihre Artgenossen in der Natur, die sich für die tägliche Nahrung ordentlich plagen und sich ständig wechselnden Witterungsverhältnissen anpassen müssen.

Die häufigsten Krankheiten und wie man sie behandelt

In der Gefangenschaft sind Tiere anfälliger gegen Krankheiten. Sie erkälten sich leicht und müssen daher besonders vor Zugluft geschützt werden. Wenn sie krank sind, erkennt man das zuerst daran, daß sie lustlos in einer Ecke hocken, sich langsamer bewegen, ihr Fell stumpf und dünn wird. Ist kein bestimmtes Leiden festzustellen, dann könnte es sich auch um Vitaminmangel handeln. Oft hilft es, ein Vitaminpräparat und etwas Lebertran unter das Futter zu mischen. Auch bei einfachen Erkältungen kann man damit Erfolg haben. Auf jeden Fall muß man das Tier warm halten. Geben Sie ihm Wasser, auch wenn es sonst nicht trinkt. Durchfall läßt sich meist beheben, wenn man ein Stückchen Kohletablette zerdrückt dem Futter beigibt. Bei Verstopfung dagegen hilft es, mehr Grünfutter zu geben.

Wenn ein Tier sich auffallend viel kratzt, hat es wahrscheinlich Ungeziefer im Fell. Dagegen gibt es wirksame Insektizide als Puder oder Spray in der Tierhandlung oder in der Drogerie. Dort werden Sie meist auch gut beraten.

Die Räude, eine durch Milben verursachte, weit verbreitete Hautkrankheit bei Kleinsäugern, ist mit Haarausfall, Juckreiz und Verkrustungen verbunden. Man behandelt sie mit einer speziellen Räudesalbe. Kleine Wunden, die Tiere sich gegenseitig zufügen können, wenn mehrere zusammen im Käfig leben, können Sie vorsichtig mit einem Antiseptikum oder mit Penicillinsalbe bestreichen; Hautinfektionen behandelt man mit Schwefelsalbe. Bei anderen Infektionen und schwereren Erkrankungen oder dann, wenn die eigene Behandlung keinen Erfolg hat, muß man das Tier zum Tierarzt bringen. Auf jeden Fall muß man es aber sofort von den anderen isolieren. Ist die Krankheit überstanden, muß der Käfig desinfiziert werden. Dazu nimmt man Sagrotan und spült gut mit warmem Wasser nach. Wenn auch der Tierarzt alles zur Heilung getan hat und erkennt, daß es zwecklos ist, muß manchmal ein Tier getötet werden, um es nicht unnötig leiden zu lassen. Größere Tiere bringt man zum Tierarzt, kleinere kann man ganz schnell und schmerzlos einschläfern, indem man sie zusammen mit einem in Äther getränkten Wattebausch in einen festschließenden Kasten oder eine Dose steckt. Das Tier wird sofort bewußtlos und schläft bald darauf ein. Selbstverständlich muß auch in diesem Fall der Käfig desinfiziert werden.

Für Kinder ist der Verlust des Spielgefährten ein Schock, den sie oft lange nicht überwinden. Versuchen Sie, Ihrem Kind begreiflich zu machen, daß Sterben ein unabänderliches Gesetz für alle Lebewesen ist. Erklären Sie ihm, daß das kranke Tier nun nicht mehr zu leiden braucht.

Kleinsäuger haben keine große Lebenserwartung. Kinder, die solche Tiere besitzen, werden daher oft sehr schnell mit diesem Problem konfrontiert, und es ist ratsam, wenn die Eltern auf ihre Fragen vorbereitet sind.

Am schnellsten ist ein Kind getröstet, wenn Sie ihm ein neues Tier in den verwaisten Käfig setzen. Kinder vergessen ja zum Glück sehr schnell.

Natürlich sollte man ein kleines Kind nicht miterleben lassen, wie ein Tier eingeschläfert wird. Diesen manchmal notwendigen Eingriff in das Leben begreift ein Kind sicher nicht vor dem Schulalter und oft erst Jahre später. Man wird als Eltern am besten wissen, was man seinem Kind zumuten kann und wann es reif ist, ein solches Erlebnis zu verkraften.

Tötungsarten, wie ein Tier ertränken, erschlagen oder ersticken, sollten sich einem Tierfreund von selbst verbieten.

Der Goldhamster

Er ist noch ein Neuling in der Familie unserer Haustiere. Seine Heimat ist Syrien. 1930 fand ein jüdischer Zoologe in der Wüste ein Hamsterweibchen mit einem Wurf. Er nahm die Tiere mit nach Jerusalem und begann eine Zucht. Die Gefangenschaft bekam ihnen ausgezeichnet, und da sie anspruchslos und leicht zu zähmen sind, wurden sie als Haustiere schnell beliebt. Sie werden außerdem für Forschungszwecke gezogen, da ihr Lebensrhythmus kürzer ist als der anderer Versuchstiere und daher mit ihnen schnellere Ergebnisse erzielt werden können.

Über England und Amerika kam der Goldhamster 1948 auch nach Deutschland. Er ist kleiner als unser Feldhamster, ausgewachsen mißt er etwa 15 bis 17 cm. Das Fell ist samtweich und goldbraun, manchmal auch graubraun, weißlich an der Unterseite. Seine Verwandten in der Wüste graben genau wie unsere einheimischen Hamster tiefe Gänge und Höhlen in den Boden und deponieren dort ihren Futtervorrat, den sie in ihren Backentaschen in den Bau tragen. Mit prall gefüllten Backen sieht ein Hamster aus, als hätte er den Mumps. Sein Kopf ist doppelt so dick wie normal. Um die Taschen zu entleeren, streicht er mit den Pfoten sanft an den Backen entlang und bringt damit das Futter wieder hervor.

Der Goldhamster begnügt sich mit einer Ecke im Käfig. Dort vergräbt er sein Futter und knabbert es genüßlich, wenn ihm keiner zusieht – am liebsten in der Nacht. Wie alle Nachttiere wird er erst munter, wenn andere zur Ruhe gehen. Seine runden schwarzen Knopfaugen sehen zwar nicht besonders gut, doch mit Hilfe der langen Tasthaare an der Schnauze findet er sich im Dunkeln gut zurecht. Ein zahmer Hamster ist zutraulich, freundlich, possierlich und immer neugierig. Es könnte sein, daß ein junger Hamster Sie beißt, wenn Sie ihn anfassen wollen. Das ist eine natürliche Reaktion, denn er hat Angst. Am besten kaufen Sie einen Goldhamster im Alter von etwa 6 bis 8 Wochen. Dann ist er nicht mehr zu schüchtern, und Ihre Erziehungsarbeit hat die größte Aussicht auf Erfolg.

Er schläft gern dunkel

Für einen oder zwei Hamster sollte der Käfig wenigstens 30 × 40 cm groß und etwa 25 cm hoch sein. Ein Metallkäfig eignet sich am besten. Wollen Sie jedoch selbst einen Käfig basteln, dann verwenden Sie als Material nur unlakkiertes Buchen-, Eichen- oder anderes Hartholz. Der Goldhamster ist ein Nagetier, und Holz in jeder Form fasziniert ihn. (Darum lassen Sie ihn nicht zu lange unbeaufsichtigt im Wohnzimmer herumlaufen.) Sie tun ihm einen großen Gefallen und lenken sein Interesse von seiner Behausung ab, wenn Sie ihm ein kräftiges Stück Hartholz in den Käfig legen, an dem er seine Zähne wetzen kann. Streichen Sie einen Holzkäfig von innen nicht an, denn die Farbe könnte ihm schaden, wenn er daran nagt. Der Käfigboden sollte mit einer 2 cm hohen Schicht aus Torfmull, Sägemehl, Katzen- oder Hamsterstreu bedeckt werden. Für den Schlafplatz sollte er Watte oder Zellstoff bekommen.

Der Hamster ist zwar ein Wüstentier, doch er liebt keine Hitze oder grelle Sonne, sie macht ihn leicht unruhig und nervös. In der Wüste verkriecht er sich tagsüber in seinen kühlen Höhlen. Auch in der Gefangenschaft ist er dankbar für einen dunklen Ort, an dem er den Tag verschlafen kann. Sie können seinen Käfig in eine dämmerige Ecke stellen oder ihm einen kleinen Schlafkasten basteln, den Sie in den Käfig setzen, z. B. eine geschlossene Holzkiste, etwa 10 × 10 × 10 cm groß mit einem Einschlupfloch von ca. 4 cm Durchmesser. Zugluft und krasse Temperaturschwankungen sind gefährlich für den Goldhamster. Am besten lebt er in einem gleichmäßig warmen, trockenen Raum, der auch nachts nicht abkühlt, wenn er munter wird. Wenn die Temperatur im Zimmer unter 12 Grad sinkt, kann es passieren, daß der Goldhamster in einen Winterschlaf fällt. Wecken Sie ihn nicht auf! Auf Seite 26 können Sie lesen, wie Sie sich verhalten müssen, wenn ein Haustier einschläft, obgleich es doch in Ihrer Wohnung nicht unter Kälte oder Futtermangel zu leiden hat.

In unserem Klima kann der Goldhamster nur in wohlbehüteter Gefangenschaft existieren. In Freiheit gesetzt, würde er sehr schnell umkommen:

Verschaffen Sie ihm Bewegung

Der Käfig sollte wenigstens an einer Längsseite oder oben feinen Maschendraht haben. Der Hamster turnt daran und verschafft sich dadurch ausreichend Bewegung. Er ist ein begeisterter Sportler, der es sogar fertigbringt, an der Decke des Käfigs entlangzulaufen, wenn er sich dort an Maschendraht festkrallen kann.

Ein Drahtgitter ringsum wäre jedoch des Guten zuviel. Unbedingt muß er eine geschützte Ecke haben, in der er seine Vorräte hamstern kann. Auch seine »Toilette« richtet er am liebsten in einer Ecke ein, zumindest für die feuchten Geschäfte. Legen Sie diese Ecke etwas dicker aus und wechseln Sie möglichst alle zwei Tage die Streu, dann

Ein Laufrad ist ein ideales Spielzeug für den Goldhamster. Sein Käfig muß aber so groß sein, daß ihm noch genug Auslauf bleibt. Die kleine Drehtrommel können Sie in jeder Zoohandlung kaufen. Ein gesunder Hamster kann sich stundenlang damit amüsieren – am liebsten in der Nacht.

werden Sie kaum merken, daß Sie ein Tier im Haus haben. In diesem Punkt ist er sehr ordentlich. Sie brauchen auch keine Angst um Ihren Teppich zu haben, wenn Sie ihn frei laufen lassen.

Daß er peinlich sauber und geruchlos ist, macht den Goldhamster – neben seiner Possierlichkeit – zu einem angenehmen Hausgenossen.

Kinder sind besonders von seiner Zutraulichkeit und Spiellust angetan. Zwar sollte man sie von ihm fernhalten, bis er ganz zahm ist: Sie würden ihn durch ungestüme Bewegungen erschrecken und könnten dann leicht gebissen werden. Er schnappt auch zu, wenn man ihn aus seinem Schlaf reißen will. Doch hat er einmal seine Angst verloren, dann kuschelt er sich an, spaziert im Kleiderärmel hoch, frißt aus der Hand und nimmt es kaum übel, auch einmal in der Manteltasche mitgenommen zu werden. Kinder dürfen jedoch nie vergessen, daß er ein kleines und zartes Tier ist, das keine rauhe Behandlung verträgt, auch wenn es sich scheinbar alles gefallen läßt.

Was frißt er?

Der Goldhamster ist ein billiges Haustier. Er ist mit allem zufrieden, was in der Küche abfällt: Neben Körner- und Kernfutter frißt er Gemüsereste (sie müssen ungewürzt sein), altes Brot, Nüsse und Rosinen. Gern knabbert er auch einmal ein Stückchen rohes, mageres Fleisch, Käse oder hartgekochtes Ei. Mehlwürmer sind Leckerbissen, Hundekuchen schärfen die Zähne. Auf seinem täglichen Speiseplan sollen Obst und Gemüse (außer Zitrusfrüchten und scharfen Rettichen) stehen, das aber nicht gespritzt sein sollte, denn ein Hamstermagen ist empfindlich. Diese Frischkost, vor allem Grünfutter wie Salat und Spinat, liefert ihm für seinen Körper die notwendige Feuchtigkeit.

Darüber hinaus benötigt er keine Flüssigkeit. Geben Sie ihm jedoch nicht mehr Frischkost, als er an einem Tag frißt, und entfernen Sie die Reste aus seiner Ecke, bevor sie faulen. Trockenfutter dagegen können Sie ihm auf Vorrat in den Käfig legen. Er frißt nie mehr auf einmal, als er vertragen kann. Sie können ihn getrost für mehrere Tage allein lassen, wenn Sie verreisen. Statt Grünfutter geben Sie ihm dann rohe Wurzeln oder Kartoffeln, die länger frisch bleiben. Bei den Kartoffeln sollten sie vor dem Verfüttern die Augen und Triebe entfernen.

Sorgen Sie für Nachwuchs

Goldhamster haben kein langes Leben. Sie können drei Jahre alt werden, doch meist sterben sie schon im zweiten Lebensjahr. Der Abschiedsschmerz bei Kindern ist groß, wenn Sie nicht rechtzeitig für Nachwuchs gesorgt haben.

Die Zucht der Goldhamster ist recht einfach. Beachten Sie aber, daß die Tiere von Natur aus Einzelgänger sind, und halten Sie das Männchen und Weibchen jeweils getrennt in einem Käfig. Das trifft auch für Jungtiere zu. Sobald sie geschlechtsreif geworden sind, müssen sie getrennt werden, will man nicht Gefahr laufen, daß sie sich heiße Kämpfe liefern, bei denen leicht ein Hamster umkommen kann.

Wenn aber das Weibchen in die Hitze kommt, läßt es das Männchen an sich heran. Das geschieht alle 7 Tage und dauert 4 Tage. Wann es soweit ist, merken Sie, sobald Sie das Männchen in den Käfig des Weibchens setzen. Geht die Dame auf den Verehrer los, dann nehmen Sie ihn schleunigst wieder heraus. Ziehen Sie vorsichtshalber einen Lederhandschuh an, denn das angriffslustige Weibchen macht auch vor Ihren Händen nicht halt. Versuchen Sie es am nächsten Tag wieder, vielleicht ist die Hamsterdame dann zugänglicher, und Sie dürfen auf Nachwuchs hoffen.

Wenn das Weibchen in den folgenden 4 Tagen, die eigentlich die Brunstzeit wären, den Hamstermann wieder vertreibt, dann wissen Sie sicher, daß es trächtig ist. 14 Tage nach dem Decken kommen die Jungen zur Welt, 3 bis 10, höchstens 12 nackte, blinde Tierchen. Die Mutter bereitet ihnen vorher aus Heu, Torfmull oder Sägespänen ein weiches Nest. Nun ist ein Schlafkasten besonders willkommen. Wolle und andere Textilien dürfen Sie dem Hamster auf keinen Fall zum Nestbau geben, er zernagt alles, was er bekommt, und die Fasern bleiben in seinen Backentaschen hängen.

Bei der Pflege ihrer Jungen darf die Hamstermutter in den ersten zwei Wochen nicht gestört werden, sonst kann es passieren, daß sie ihre Jungen auffrißt. Geben Sie der Mutter während der Tragzeit und solange sie säugt reichlich Futter mit Vitaminbeigabe, darunter auch kräftigende Haferflocken. Jetzt muß sie auch Milch zu trinken bekommen. Stellen Sie alles in die Nähe des Lagers, weil sie sich nicht gern von den Jungen entfernt.

Nach 12 bis 13 Tagen öffnen die Kleinen die Augen, 14 bis 15 Tage werden sie gesäugt. Dann beginnen sie auch schon, festes Futter zu fressen. Mit drei Wochen ernähren sie sich allein. Nun müssen die Tiere auch getrennt werden, denn schon mit 4 bis 6 Wochen sind sie geschlechtsreif und würden sich paaren. Das Geschlecht läßt sich bei Jungtieren nur feststellen, wenn man die Tiere vergleicht. Bei einem Weibchen ist der Abstand zwischen After und Geschlechtsteil geringer als beim Männchen. Erwachsene Tiere unterscheiden sich auch im Körperbau: Die Weibchen sind rundlicher, die Männchen schlanker.

Das Meerschweinchen

Seine Heimat ist Südamerika. Von dort brachten Holländer es im 16. Jahrhundert nach Europa. Schon vorher müssen die Meerschweinchen – wie Ausgrabungen gezeigt haben – bei den Inkas als Haustiere bekannt gewesen sein. In Südamerika leben sie in Grasland und Steppen, die ihnen wenig Schutz bieten. Sie suchen Schutz in selbstgewühlten unterirdischen Schlupfwinkeln oder Felsspalten, können nicht klettern, sind kaum in der Lage, sich gegen Angriffe anderer Tiere zu verteidigen. Die Mutter kann auch bei Gefahr ihre Jungen nicht schützen. Darum sind die Kleinen von Geburt an fähig, sich selber zu erhalten, auch wenn sie etwa zwei Wochen lang von der Mutter gesäugt werden. Sie werden mit offenen Augen und vollständig behaart geboren.

Bei den Meerschweinchen unterscheidet man drei Hauptgruppen. Die langhaarigen haben einen langgestreckten Körperbau und sind als Haustiere wenig zu empfehlen, denn ihr Fell muß sehr sorgfältig gepflegt werden. Wählen Sie oder lassen Sie Ihre Kinder entscheiden, ob sie ein Tier mit glattem Fell oder eines mit struppigem Pelz, ein sogenanntes Rosettenmeerschweinchen, haben wollen. Seine Haare stehen lustig nach allen Seiten ab. Alle Rassen werden in mehreren Farben gezüchtet: weiß, schwarz, braun oder bunt gescheckt. Ausgewachsene Meerschweinchen sind etwa 20 cm lang. Sie werden bis zu acht Jahren alt.

Geduldiger Spielkamerad

Als Haustier ist das Meerschweinchen seiner passiven Natur gemäß zutraulich und friedlich. Es kämpft höchstens einmal mit seinen Artgenossen. Weibchen leben friedlich zusammen. Auch wenn ein Männchen unter ihnen lebt, gibt es keinen Streit. Nur wenn mehrere Männchen in einem Käfig sind, kann aus spielerischer Balgerei blutiger Ernst werden. Andere Tiere oder gar Menschen beißt es nicht. Mit einer Ausnahme: Wurde ein Meerschweinchen von Menschenhand großgezogen statt von der Mutter, dann sieht es den Menschen als seinen Artgenossen an und behandelt ihn entsprechend, könnte ihn also auch beißen. Sonst kann man es getrost schon kleineren Kindern, die manchmal noch etwas tolpatschig mit Tieren umgehen, als Spielgefährten geben.

Da das Meerschweinchen Geselligkeit liebt, sollten Sie es nicht als Einzeltier halten – es sei denn, die Kinder können sich sehr viel mit ihm beschäftigen. Dann allerdings kann es so anhänglich werden, daß es ihnen wie ein Hund folgt. Meerschweinchen können auch gut zusammen mit Kaninchen gehalten werden.

Keine großen Wohnansprüche

Käfige für Meerschweinchen kann man kaufen, man kommt aber auch mit einer einfachen Kiste oder mit einer Plastikwanne aus. Für ein Einzeltier muß die Behausung bei einer Höhe von 40 bis 50 cm wenigstens 50 × 100 cm groß sein, falls das Tier nicht in der Wohnung freien Auslauf hat. Als Bodenstreu eignen sich Torf, Sägemehl oder unbedruckte Papierschnitzel. Der Käfig sollte mindestens einmal wöchentlich gereinigt werden. Die Kiste kann oben offen bleiben. Stellt man sie jedoch im Sommer in den Garten, dann muß man sie mit Maschendraht abdecken, um das Meerschweinchen und vor allem die Jungen vor Katzen und Hunden zu schützen. In einem sehr gut eingezäunten Garten können Meerschweinchen auch frei herumlaufen.

Zum Schlafen braucht das Meerschweinchen einen Kasten oder Stroh als Unterschlupf. Für das Grünfutter, das einen guten Teil der Ernährung ausmachen soll, bringt man am Rand des Käfigs eine Futterraufe aus einem grobmaschigen Drahtgeflecht an, aus der das Tier sich Gras, Salat und Kohlblätter zupfen kann. Damit verhindert man, daß es im Käfig auf dem Futter herumtrampelt. Als Futterraufe gut geeignet ist eine Abtropfschale aus verchromten oder kunststoffbeschichteten Stäben, wie man sie an der Badewanne für die Seife hat. Sie wird in etwa 20 cm Höhe befestigt.

Was Meerschweinchen fressen

Außer dem erwähnten Grünfutter fressen sie Getreide, Brotreste, Kartoffeln, Gurken und alle Arten von Rüben. Wenn es warm ist, brauchen sie auch Wasser, sonst deckt das Grünfutter ihren Bedarf an Feuchtigkeit. Als Winterfutter eignen sich Heu und Futterrüben. Das Grünfutter muß auf jeden Fall trocken sein.

Der Nachwuchs

Das Weibchen bringt nach 63 Tagen Tragzeit zwei oder drei Junge zur Welt. Sie beginnen schon bald, vom Futter der Mutter zu fressen. Sobald sie nicht mehr gesäugt werden – nach zwei bis drei Wochen –, kann man sie von ihr trennen. Mit etwa acht Wochen sind die kleinen Meerschweinchen geschlechtsreif, sollten aber erst nach 5 Monaten zur Zucht verwendet werden. Die Mutter kann sofort nach der Geburt wieder gedeckt werden.

Die weiße Maus

Von den vielen Mäusearten – Erdmaus, Brandmaus, Schermaus, Haselmaus, um nur einige zu nennen – ist eigentlich nur die weiße Maus als Haustier geeignet, denn nur sie wird wirklich zahm. Sie ist ein Albino aus der Familie der Hausmäuse, wird seit langem gezüchtet und hat sich als Versuchstier für die Wissenschaft schon große Verdienste erworben. Im engen Zusammenleben mit dem Menschen hat sie die Scheu der Wildmaus verloren, ist also ein unterhaltsames Haustier. Wenn sie ausreichend Platz und etwas zum Spielen hat, dann entfaltet sie ein beachtliches Temperament. Sie wird etwa zwei bis drei Jahre alt.

Mäuse faßt man an ihrem langen Schwanz an, der noch einmal so lang ist wie ihr Körper, etwa 7 bis 10 cm, und hebt sie daran hoch. Aber nicht das dünne Ende des Schwanzes greifen: er könnte abreißen und die Maus zu Tode stürzen. Man setzt sie dann auf oder in die Hand, hält aber den Schwanz weiter fest, um zu verhindern, daß sie von der Hand herunterspringen. Vorsichtig, ohne zu drücken, kann man sie auch in der Körpermitte anfassen.

Die Behausung

Der Käfig für weiße Mäuse sollte zwischen 50 und 100 cm lang und etwa 30 cm hoch und breit sein, je nachdem, ob man ein Tier oder mehrere hält. Sie lieben es, durch den Käfig zu flitzen, am Gitter entlang zu hangeln und mit großer Ausdauer ein Tretrad in Betrieb zu halten. Altes Spielzeug oder ein Klettergerüst, auf dem sie herumturnen können, ist sehr willkommen. Man sollte sie möglichst nicht in einen Holzkäfig stecken, denn Mäuse sind starke Nager. Sie sind von Natur aus bestrebt, an harten Dingen ihre Zähne zu wetzen, damit sie nicht zu lang wachsen. Geben Sie ihnen ab und zu etwas zu beißen: Nüsse, Eicheln oder ein Stück Süßholz.

Aus Hartholzbrettern, Backsteinen, Blechdosen und Blumentöpfen kann man einen mehrstöckigen Mäuseturm bauen, dessen Etagen durch kleine Leitern verbunden werden. Auf diesem Turm können weiße Mäuse ganz frei leben, wenn die unterste Plattform wenigstens 80 cm über dem Boden beginnt und es auch nach den Seiten hin keine Fluchtmöglichkeiten gibt.

Ein genügsamer Kostgänger

Mäuse sind keine Kostverächter, das wissen wir von den Hausmäusen, vor denen nichts Eßbares sicher ist. Das bedeutet aber nicht, daß Mäuse täglich ein Menü von Schinken und Käse haben müssen. Im Gegenteil, solche Dinge dürfen nur ganz selten als besondere Leckerbissen gefüttert werden, sonst werden die Tiere zu fett. Sie können ihnen alles geben, was so in der Küche anfällt: altes Brot, Fleischreste, gekochtes Ei, Gemüse, Salat, Kartoffeln, Rüben, auch Gras oder Löwenzahn. Besonders gern mögen sie Getreide wie Hirse oder Haferflocken.

Es kann sein, daß Ihnen statt eines weißen ein farbiges Tier als »zahm« angeboten wird. Das hat durchaus seine Richtigkeit: Aus den Albinos kann man durch Kreuzung, mit Hausmäusen zum Beispiel, wieder farbige Mäuse in zarten Pastellfarben oder gescheckte Mäuse züchten.

Wenn Sie eine Maus kaufen, achten Sie darauf, wie der Verkäufer oder der Züchter damit umgeht. Nehmen Sic nur ein Tier, das sich in die Hand nehmen läßt und nicht nur am Schwanz hochgenommen wird. Zahme Mäuse beißen nicht, wenn man ihnen die Hand hinstreckt.

Sie dürfen jedoch nicht annehmen, daß die Maus so zahm bleibt, wie Sie sie gekauft haben. Die Kinder müssen sich täglich mit ihr beschäftigen, ihr Futter reichen und sie auf die Hand nehmen, sonst wird sie wieder scheu und ängstlich und kann dann auch aus Angst beißen.

Reiche Nachkommenschaft

Mäuse sollte man nicht als Einzeltiere halten, sie fühlen sich in Gesellschaft wohler. Dabei muß man aber bedenken, daß Mäuse sehr fruchtbar sind. Das Weibchen ist mit sechs Wochen geschlechtsreif. Zur Zucht sollte es am besten 60 bis 70 Tage alt sein. Wenn es gedeckt ist, wirft es nach etwa 21 Tagen vier bis zehn Junge. Sie werden blind geboren, sind nackt, rosig und recht häßlich. Erst nach zwei Wochen öffnen sie die Augen, drei Wochen lang werden sie von der Mutter gesäugt. Läßt man die Mäuse zusammen, dann vermehren sie sich rapide. Allerdings werden in der Großfamilie viele Junge nicht überleben.

Wenn Sie herausgefunden haben, was Ihre Maus besonders gern frißt, dann kann sie damit aus dem Stall gelockt werden. Weiße Mäuse werden so zutraulich, daß sie ganz furchtlos an ihrem Betreuer herumklettern. Für Kinder sind sie beliebte Spielgefährten, immer munter, friedlich und robust genug, auch einmal in die Tasche gesteckt zu werden.

Manchmal vertragen sich auch die Eltern nicht mehr, wenn die Jungen da sind. Auf jeden Fall müssen für die Mütter mit ihren Jungen getrennte Schlafboxen vorhanden sein.

Wahrscheinlich wollen Sie aber keine Großfamilie züchten, da Sie nicht wissen, wohin mit dem Nachwuchs. Dann bleibt nichts anderes übrig, als Männchen und Weibchen in getrennte Käfige zu setzen und nur zusammenzubringen, wenn Nachwuchs wirklich gewünscht wird.

Die wildlebenden Verwandten
Eine kleine graubraune Feldmaus oder Hausmaus ist ebenso niedlich wie eine weiße Maus, als Haustier jedoch nicht geeignet. Zwar ist die Angst vor Mäusen, die manche Leute auf die Stühle treibt, in keiner Weise begründet. Hausmäuse sind harmlos, sie erschrecken nur durch ihre unglaubliche Schnelligkeit. Sie mit der Hand zu greifen, ist aber ziemlich aussichtslos.

Das Kaninchen

Es stammt aus Spanien, ist aber heute in ganz Europa heimisch. Als Haustier wird es hauptsächlich seines weichen Felles und des wohlschmeckenden Fleisches wegen gezüchtet. Mittlerweile gibt es an die hundert zahme Rassen. Auf Kleintierschauen kann man einen Eindruck von der Vielfalt der Rassen gewinnen.

Wollen Sie ein Kaninchen als Haustier für Ihre Kinder haben, dann brauchen Sie den kommerziellen Wert nicht zu berücksichtigen. Wählen Sie ein Tier, das Ihnen gefällt, aber nach Möglichkeit von einer kleineren Rasse, die weniger Platz beansprucht, weniger Futter braucht und weniger Dreck macht. Angorakaninchen mit ihrem weichen Wollpelz sehen besonders hübsch aus, verlangen aber auch eine sachkundige Pflege.

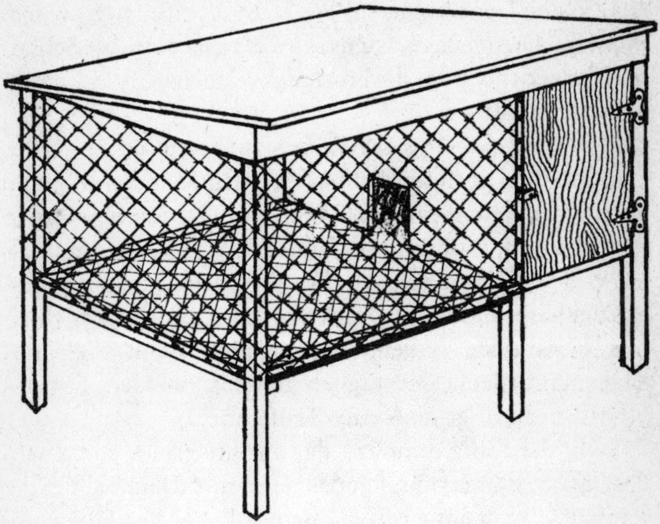

Der ideale Kaninchenstall steht auf Beinen kurz über dem Boden. Er hat ein abfallendes Dach, damit das Regenwasser ablaufen kann. Ein Drittel des Stalles nimmt die Schlafbox ein, von der aus ein Schlupfloch in den offenen, von Maschendraht umgebenen Teil führt. Vor die Öffnung kann man lose Stoffstreifen hängen, um die Kälte etwas abzuhalten. Zweckmäßig ist ein Maschendrahtboden mit einem Blech darunter, das man täglich herauszieht und reinigt.

Seine Unterkunft

Sie können Kaninchen im Garten, auf dem Balkon oder auch in einem Gebäude, zum Beispiel einem Schuppen, einem hellen, gut belüfteten Bodenraum oder einem trockenen Keller halten. Bleiben sie im Freien, dann muß der Käfig im Winter mit einem Sack abgedeckt werden.

Als Käfig kann man eine Holzkiste verwenden, die für ein kleines Tier wenigstens 80 × 60 × 50 cm groß sein muß. Ein Drittel des Kastens wird als geschlossene Schlafbox hergerichtet, vor die Front des restlichen Teils kommt Maschendraht.

Um die Reinigung des Käfigs zu vereinfachen, ist es zweckmäßig, auch für den Boden einen Maschendraht zu verwenden, fein genug, daß das Tier nicht mit den Pfoten durchrutscht, grob genug, daß die Exkremente durchfallen können. Unter dem Drahtboden bringt man ein herausziehbares Blech an. Der Käfig kann natürlich auch einen Holzboden haben, muß jedoch dann dick mit Sägemehl bedeckt und täglich gereinigt werden. Für das Grünfutter bringt man eine Raufe an.

Steht der Käfig draußen, dann sollte er ein vorstehendes, nach hinten abfallendes und mit Dachpappe geschütztes Dach haben. Außerdem sollte er auf Füßen ein Stück über dem Boden stehen, um das Tier vor Nässe zu bewahren.

Vierbeiniger Rasenmäher

Obwohl die Unterbringung in einem Käfig ausreicht, ist sie doch für ein Haustier, an dem man Freude haben will, unbefriedigend. Für die Beobachter wie für das Kaninchen selbst ist es viel attraktiver, wenn es in einem Freigehege draußen herumhoppeln kann. Erst dann wird es sich richtig entfalten. Eventuell haben Sie dabei sogar einen Nutzeffekt: wenn Sie den Auslauf auf einer Wiese einrichten, sparen Sie Futter und Rasenmäher. Ein Kaninchen im Freigehege wird allerdings leicht scheu. Nehmen Sie es öfter auf den Arm.

Dazu heben Sie es am Nacken hoch und stützen dann den Körper mit der anderen Hand ab. Nicht an den Ohren hochziehen, sie sind empfindlich. Da Kaninchen gern graben, sollte die Einzäunung einen halben Meter in den Boden versenkt werden und dann noch einen Meter hoch sein. Sind Jungtiere da, dann sollte das Gehege auch von oben durch ein Drahtgeflecht vor Raubvögeln geschützt werden. In einem gut umfriedeten Garten kann man Kaninchen auch frei laufen lassen, muß allerdings in Kauf nehmen, daß sie Blumen und Pflanzen anknabbern. Während man sie gewöhnlich in Einzelkäfigen unterbringt, können sie im Gelände auch zusammenleben, sofern jedes Tier eine Schlafbox hat. Will man allerdings nicht züchten, dann muß man Weibchen und Männchen getrennt halten.

Grünfutter ist wichtig

Kaninchen sind Vegetarier. Sie sind recht einfach zu ernähren, denn sie fressen alle Gemüse- und Kartoffelabfälle aus der Küche. Außerdem brauchen sie aber unbedingt Grünfutter. Im Sommer kann man Gras, Löwenzahn und andere Pflanzen, selbst Brennesseln, vom Wegrand holen. Das Grünfutter darf auf keinen Fall naß sein, sonst bläht es. Auch junge Triebe von Bäumen und Sträuchern haben diese Wirkung und dürfen nicht als Grünfutter gereicht werden. Im Winter füttert man Heu, Salat und Kohlblätter, Petersilie, rohe Wurzeln und Rüben, daneben altes Brot, Kleie, Hafer und andere Getreidesorten. Kommen die Tiere in den Fellwechsel, dann kann man täglich einen

Teelöffel Leinsamen unter das Futter mischen. Davon bekommen sie ein gesundes, glänzendes Fell.

Für Kaninchen gibt es auch ein Spezialfutter zu kaufen, das alle wichtigen Nährstoffe enthält. Zusätzlich füttert man dann nur noch Grünzeug und sorgt für genügend Wasser.

Wenn sie krank sind

Neben Erkältungen, bei denen Wärme, Trockenheit und Vitamine meist helfen, leiden Kaninchen gelegentlich an Augen- und Ohrenentzündungen. Die Augen können Sie mit schwachem Kamillentee auswaschen, in die Ohren träufeln Sie warmes Olivenöl. Es löst zunächst das Ohrenschmalz, das sich mit einem Wattestäbchen entfernen läßt. Anschließend behandelt man das Ohr mit einer Räudesalbe.

Die sprichwörtlich zahlreiche Nachkommenschaft

Das Weibchen kann drei bis fünf Mal im Jahr vier bis zwölf Junge werfen, nach einer Tragzeit von 4 1/2 Wochen. Es bereitet ihnen vorher ein Nest aus Heu, das man dem Tier in den Käfig legen muß, und polstert es mit Haaren, die es sich aus dem Fell rupft. Bei einem großen Wurf sollte man die schwächsten Tiere entfernen und einschläfern, um der Mutter die Aufzucht der Jungen zu erleichtern. Nach etwa zehn Tagen öffnen die nacktgeborenen Jungen die Augen und beginnen auch schon bald, selber zu knabbern. Nach acht Wochen können sie von der Mutter getrennt werden.

Der Igel

Nach den neuesten Forschungen hat es den Igel schon vor der Eiszeit gegeben. Er ist in Europa in Wäldern und Gärten anzutreffen. Ein Haustier ist er bis heute nicht geworden, und da er absolut nicht stubenrein ist, wäre er als solches auch kaum zu empfehlen. Auf gar keinen Fall darf man ihn in einen Käfig sperren, denn er muß frei herumlaufen können. Ein Igel in Gefangenschaft sucht – und findet – die ungeahntesten Möglichkeiten, um auszubrechen.

Anders ist es, wenn Sie einen Garten haben. Liegt dieser in einer busch- oder waldreichen Gegend, dann erhalten Sie vielleicht eines Abends Besuch von einem Igel (der Igel wird erst in der Dämmerung munter, nur selten begegnet man ihm am Tag). Stellen Sie ihm eine Schale mit frischer Milch an eine bestimmte Stelle, nahe dem Haus, damit man ihn beobachten kann, dann können Sie damit rechnen, daß der Igel sich bald regelmäßig zum abendlichen Milchempfang einstellt. Hat der Igel, vom zweiten Lebensjahr an, eine Familie gegründet, dann bringt er oft seine ganze Sippe mit. Mit der Zeit wird er zutraulich, und Sie können sich ihm nähern. Vor allem junge Tiere können sich so an den Menschen gewöhnen, daß sie sich schließlich anfassen und in die Hand nehmen lassen, ohne sich zusammenzuziehen.

Normalerweise rollt der Igel sich zu einer stachligen Kugel zusammen, wenn ihm Gefahr droht. So ist er praktisch für alle Tiere unangreifbar. Auch Menschen gegenüber nimmt er diese Abwehrstellung ein, solange sie ihm fremd sind. Manchmal trägt es zu seiner Entspannung bei, wenn man ihn mit lauwarmem Wasser aus einer Gießkanne sanft berieselt.

Bei der Gelegenheit werden Sie wahrscheinlich feststellen, daß zahlreiche Flöhe zwischen den Stacheln sitzen, die der Igel nicht selbst entfernen kann. Kommt er mit anderen Haustieren in Berührung, dann sollte er auf jeden Fall mit einem für ihn unschädlichen Insektengift behandelt werden. Die Flöhe müssen anschließend herausgespült werden.

Von März bis einschließlich September ist es verboten, Igel zu fangen. Danach ist es allerdings angebracht, Jungtiere aus dem zweiten Wurf, die noch sehr zart sind, zum Überwintern ins Haus zu nehmen. Richten Sie ihnen im frostfreien Keller oder in einer geschützten Gartenecke eine Kiste mit Laub und Heu ein. Stellen Sie auch Wasser und Futter bereit, denn der Igel wacht während der Winterruhe, die von November bis März dauert, hin und wieder auf.

Auch im Sommer können Sie einen Igel dazu bringen, in Ihrem Garten zu wohnen, wenn Sie ihm eine Kiste mit Einschlupfloch und Schlafecke vorbereiten und die Milch für ihn hineinstellen.

Igel sind sehr drollige und intelligente Tiere. Als halbzahme Haustiere machen sie viel Freude. Von Vorteil ist, daß wir sie jederzeit wieder sich selbst überlassen und ihnen die Freiheit geben können, ohne daß sie umkommen. Erhalten sie kein Futter mehr, dann versorgen sie sich wieder selbst. Allerdings darf man sie nicht während des Winters aussetzen, denn sie hatten ja keine Gelegenheit, in einer Höhle oder im dichten Unterholz ein Winterquartier einzurichten und sich im Herbst den schützenden Winterspeck zuzulegen.

Was frißt er?

Der Igel lebt hauptsächlich von Insekten, Würmern, jungen Mäusen und Schnecken und ist daher ein nützlicher

Gartenbewohner. Wenn Sie ihn füttern wollen, dann können Sie ihm rohes Hackfleisch, Herz oder Leber, in Milch eingeweichtes Weißbrot und Mehlwürmer geben oder gelegentlich rohes Ei, Apfel, Birne und Banane. Warme Milch mit Honig, Pudding und Rosinen sind Leckerbissen für ihn.

Zweimal im Jahr Junge

Ein Igelweibchen wirft zweimal im Jahr zwei bis zehn Junge. Sie werden weiß und mit weichen Stacheln geboren. Etwa 20 Tage werden sie von der Mutter gesäugt. Nach sechs Wochen sind sie selbständig, dann ist ihr Fell graubraun und die Stracheln sind hart geworden. Vorher darf man die Kleinen nicht von der Mutter trennen. Nach einem Jahr sind sie geschlechtsreif. Ein ausgewachsener Igel wird etwa 22–25 cm lang.

Wenn Sie regelmäßig eine Schale mit Milch, am besten lauwarm und mit Honig gesüßt, in den Garten stellen, dann wird der Igel bald ein zutraulicher Dauergast. Er bringt stets seine ganze Familie mit, die sich auf diese Weise sehr früh an die Nähe der Menschen gewöhnt.

Seit einigen Jahren wird in Deutschland ein Zwergigel gezüchtet, der aus Afrika stammt. Er eignet sich eher als Haustier, ist einigermaßen sauber, zutraulicher und kann im Gegensatz zum einheimischen Igel klettern. Allerdings braucht er mehr Wärme.

Das Streifenhörnchen

Es hat viel Ähnlichkeit mit unserem einheimischen Eichhörnchen, ist jedoch wesentlich kleiner – ohne Schwanz etwa 12 bis 14 cm – und viel leichter zu halten. Während Eichhörnchen nur in einer Voliere im Garten leben sollten, genügt für das Streifenhörnchen ein Käfig in der Wohnung. Im Sommer kann der Käfig im Garten oder auf dem Balkon stehen. Die Behausung für das Streifenhörnchen darf allerdings auch nicht zu klein sein, da die lebhaften, quirligen Tierchen viel Bewegungsfreiheit brauchen. 120 × 60 × 60 cm sollte das Mindestmaß für ein Pärchen sein. Ein verzweigter Ast zum Klettern ist unbedingt erforderlich, auch muß für jedes Tier wenigstens ein Schlafkasten vorhanden sein. Streifenhörnchen lieben Abwechslung, sie bevorzugen Schlafkästen mit mehreren Einschlupflöchern. Da sie manchmal verderbliches Futter in diese »Höhlen« tragen, sollte man die Kästen hin und wieder kontrollieren.

Als Streu verwendet man die übliche Kleinsäuger- oder Katzenstreu, als Nistmaterial stellt man Heu und weiche Stoffreste bereit.

Das Streifenhörnchen, auch als Chipmunk oder Burunduk bekannt, wird hauptsächlich in Japan gezüchtet. In Amerika, Afrika und Asien lebt es wild und ist ziemlich scheu. Richtig zahm wird es auch in der Gefangenschaft selten. Es ist wohl mehr seine Possierlichkeit und die hübsche Zeichnung des Fells, die ihm in den letzten Jahren so viele Freunde eingebracht hat. Bei Kindern ist es vor allem durch Disneyfilme und Mickymaus-Hefte, in denen es als A- oder B-Hörnchen auftritt, populär geworden.

Streifenhörnchen sollten immer paarweise gehalten werden, sonst verkümmern sie. Mehr als ein Pärchen ist jedoch nicht zu empfehlen, in größerer Gesellschaft werden die Tiere manchmal bissig. Wenn man keinen Nachwuchs wünscht, hält man zwei Weibchen oder Männchen zusammen.

Ein Weibchen kann zweimal im Jahr gedeckt werden. Es wirft nach einem Monat Tragzeit drei bis sechs Junge, die nach zwei Wochen das Nest verlassen. Mit vier bis sechs Wochen sollte man sie von den Eltern trennen.

Die Ernährung der Streifenhörnchen ist einfach. Sie fressen, wie die Eichhörnchen, am liebsten Nüsse und Sonnenblumenkerne, aber auch andere Sämereien und fertiges Meerschweinchen- oder Hamsterfutter. Süßes Obst wie Äpfel, Birnen, Bananen, Feigen oder Rosinen wird gern genommen. Etwas Grünfutter, Salat oder Spinat, ist wichtig, gelegentlich auch ein Vitaminpräparat. Zum Trinken gibt man ihnen wenig abgekochtes oder abgestandenes Wasser.

Der Hund

Sein »Leittier« ist der Mensch

Gelehrigkeit, Anhänglichkeit, Treue sind wohl die Gründe, daß auch heute noch das älteste Haustier, der Hund, zu den beliebtesten Gefährten des Menschen gehört. Von seiner Herkunft wissen wir nur, daß er von den Wölfen abstammt. Da es in Europa, Asien und Amerika in früherer Zeit allein fast zwei Dutzend verschiedener Wolfsarten gab, erklärt sich daraus wohl die Vielfalt unserer heutigen Hunderassen, die sich auch in sehr unterschiedlichen Charaktereigenschaften äußert. Allen gemeinsam ist, daß sie als ehemaliges Rudeltier jetzt den Menschen als ihr »Leittier« anerkennen, zu dem sie aufschauen. Sie folgen ihm und erwarten, daß er ihnen Befehle erteilt, die sie zu seiner Zufriedenheit befolgen können. Darum ist gerade beim Hund eine konsequente Führung und Erziehung so besonders wichtig, weil vor allem dadurch seine Intelligenz und seine Begabungen geweckt und entwickelt werden. Das beste Beispiel, zu welchen Leistungen ein Hund geführt werden kann, sind die Rettungs-, Polizei- oder Blindenhunde.

Von Ihrem Haushund sollten Sie keine Heldentaten erwarten. Aber daß Sie ihn nach Kräften fördern, sind Sie ihm und sich selbst schuldig, denn Sie wünschen sich ja einen aufgeschlossenen Spielgefährten und keinen halbwilden Stromer, der mit seinen Unarten jedem auf die Nerven fällt. Ein in völliger Freiheit lebender Hund ist keineswegs glücklicher, denn es fehlt ihm das notwendige Leitbild. Sie und Ihre Familie müssen sich also sehr viel mit ihm beschäftigen. Wer die Zeit und Ausdauer dazu nicht hat, sollte sich besser gar nicht erst einen Hund anschaffen. Für Besitzer und Hund ist es traurig, wenn man das Tier nach einiger Zeit ins Tierheim geben muß, weil es zu schwierig zu halten ist. Gerade bei einem Hund, der einem ans Herz wachsen kann wie kaum ein anderes Tier, sollte man sich das vorher gründlich überlegen.

Ein Hund hat seinen Preis

Sie brauchen nicht nur viel Zeit für ihn, Sie müssen auch tief in die Tasche greifen und obendrein noch manche Unbequemlichkeit in Kauf nehmen. Ein Hund ist nicht überall willkommen. In manches Geschäft oder Hotel dürfen Sie ihn nicht mitnehmen, in der Eisenbahn muß der halbe Erwachsenenfahrpreis für ihn gezahlt werden, im Flugzeug reist er im Frachtraum und kostet Übergewichttarif.

Zum Anschaffungspreis kommt der Unterhalt. Ein Hund kann nicht mit Resten aus der Küche ernährt werden. Seine Hauptnahrung ist Fleisch. Es muß zwar nicht Beefsteak sein, aber auch die billigeren Innereien kosten Geld, wenn ein großer Hund täglich vielleicht drei Pfund davon frißt.

Auch der Staat bittet Sie zur Kasse. Dafür, daß Ihr Hund die öffentlichen Straßen und Anlagen benutzen – und auch beschmutzen – darf, müssen Sie Hundesteuer bezahlen, deren Höhe die Gemeinden (Bezirksverwaltung, Stadtkasse) nach eigenem Ermessen festsetzen. Die Hundesteuer beträgt zwischen DM 7,– (Wachhund) und DM 120,– pro Jahr. Der zweite Hund kostet noch einiges mehr. Ist Ihr Hund drei Monate alt geworden, müssen Sie ihn zur Hundesteuer anmelden. Er bekommt eine Hundemarke, die er auf der Straße tragen muß.

Und auch dieser Gang bleibt Ihnen nicht erspart: Haben Sie eine Mietwohnung, müssen Sie vor der Anschaffung eines Hundes die Zustimmung des Vermieters einholen.

Hoffentlich wird Ihr Hund nie ernsthaft krank. Trotzdem werden Sie manchmal mit ihm zum Tierarzt gehen müssen, um ihn untersuchen und impfen zu lassen. Und für den lieben Vierbeiner, der eine besondere Haarpflege braucht, lassen Sie im Laufe eines Hundelebens von zwölf bis vierzehn Jahren auch noch manche Mark im Hundesalon.

Welchen Hund sollen Sie wählen?

Es gibt so viele Rassen – etwa 30 zählen in Deutschland zu den bekanntesten –, daß jeder den Hund finden kann, der seinen Wünschen entspricht. Einige Hinweise mögen Ihnen bei der Wahl des richtigen Hundes helfen:

Große Hunde sind für Stadtwohnungen meist ungeeignet, da sie viel Auslauf brauchen, ihn in der Stadt aber nur selten haben.

Die Terrier-Rassen, Boxer, Chow-Chow, Dackel, Pudel, Mittel- und Zwergschnauzer, Spaniel und Spitz fühlen sich in einer Stadtwohnung wohl, wenn man ihnen genügend Bewegung verschafft.

Malteser, Mops, Pekinese und Zwerg-Pinscher, die kleinsten aus der Hundefamilie, kann man gut in einer kleinen Wohnung halten. Ein kurzer Spaziergang um den Block genügt ihnen, sie sind also ideale Stadthunde.

Wer auf dem Lande wohnt oder einen großen Garten hat, wird sich lieber einen größeren Hund anschaffen. Kinderfreundliche Hunde findet man bei den großen wie bei den kleinen Rassen. Diese Hunde sind geeignete, also geduldige und ungefährliche Spielgefährten für Ihre Kinder: Airdale Terrier, Bernhardiner, Boston Terrier, Boxer junge Dackel (ältere Dackel werden manchmal bissig), Doggen, Leonberger, Malteser, Mops, Neufundländer, Pinscher, Pudel (wenn sie als Jungtiere an Kinder gewöhnt wurden), Rottweiler, Schnauzer, Scotch Terrier, Setter, Spaniel, Spitz und Weimaraner. Schäferhund, Collie und Chow-Chow sind nicht ausgesprochen kinderfreundlich, da sie manchmal reizbar sein können.

Wenn Sie nicht unbedingt Wert auf einen reinrassigen Hund legen, sollten Sie sich auch einmal die Hunde in einem Tierheim ansehen. Oft findet man gerade unter den Bastarden unkomplizierte, angenehme Hunde, die längst nicht so überzüchtet sind wie manche Rassehunde und sehr viel Freude bereiten können.

Rüde oder Hündin?

Auf diese Frage gibt es keine klare Antwort. Beide haben Vorzüge und Nachteile. Die Hündin ist weicher, anschmiegsamer, aber auch empfindlicher. Zweimal im Jahr, im Frühjahr und im Herbst, wird sie für drei Wochen läufig. In dieser Zeit muß man sie im Haus halten und bei den unvermeidlichen Ausgängen gut bewachen, denn sie lockt die Rüden aus der ganzen Nachbarschaft an. Haben Sie eine reinrassige Hündin, dann sollte sie reinrassigen Nachwuchs haben. Und von einer Bastardhündin wollen Sie sich auch nicht jedes Jahr mit einem Wurf unbekannter Herkunft überraschen lassen.

Ein Rüde ist dagegen kräftiger, widerstandsfähiger, aber auch nicht so nachgiebig und willig wie die Hündin.

Er versucht häufiger, seinen eigenen Kopf durchzusetzen. Und wittert er irgendwo eine läufige Hündin, dann ist er nicht mehr zu halten. Bietet sich eine Gelegenheit, dann verschwindet er manchmal für Tage.

Hunde werden meist im Alter von sechs bis acht Wochen angeboten. Das ist eigentlich zu früh. Zwar sind sie dann schon selbständig, doch wenn man sie so klein von ihrer Familie trennt, fühlen sie sich sehr einsam. Vor allem fehlt in ihrer Entwicklung die Spielzeit mit den Geschwistern. Das beste Alter, einen jungen Hund ins Haus zu holen, ist mit drei Monaten. Ihre Bemühungen, ihn stubenrein zu bekommen, haben dann Aussicht auf baldigen Erfolg. Ältere Hunde sind vielleicht schon stubenrein, doch nicht mehr so verspielt. Die Umgewöhnung bereitet obendrein Schwierigkeiten.

Achten Sie beim Kauf eines Welpen weniger auf die Größe als auf die Gesundheit. Ein gesundes Tierchen hat ein glattes Fell, glänzende, nichttriefende Augen und weiße Zähne. Es soll eher rundlich als mager und knochig sein und einen munteren, wachen Eindruck machen. Manche raten, man solle den lebhaftesten Hund nehmen, wenn man in einem Zwinger die Qual der Wahl hat. Diesen Rat sollte man aber nur befolgen, wenn man gewillt ist, auch zu Hause ein großes Temperament und eine gehörige Portion Selbstbewußtsein, vielleicht sogar Eigensinn, zu akzeptieren. Wenn sich der Hund gegenüber seinen Geschwistern durchsetzt, wird er es mit großer Wahrscheinlichkeit auch bei Ihnen zumindest versuchen. Ein zartes Hundekind dagegen, das stets von den stärkeren Geschwistern zur Seite gedrängt wird, kann sich als Einzeltier sehr gut entwickeln und wird wahrscheinlich ruhiger, anschmiegsamer und dankbarer sein.

Der erste Tag

Wenn Sie Ihr neues Familienmitglied im Auto nach Hause holen, dann legen Sie es auf dem Sitz auf eine Lage Tücher. Mit einem kleinen Malheur müssen Sie rechnen, denn es ist die erste Autofahrt, und sie ist sehr aufregend. Lassen Sie den jungen Hund darum ganz in Ruhe. Auch im Haus braucht er zuerst einmal Zeit, sich an seine neue Umgebung zu gewöhnen. So schwer es fällt: Halten Sie ihm die stürmischen Kinder zunächst fern, sonst wird er verschüchtert, und es dauert Tage und vor allem Nächte, bis er sich eingelebt hat.

Sein Lager

Er muß sofort bei seiner Ankunft ein Lager vorfinden, am besten einen flachen Korb oder Karton, der mit weichen Decken ausgelegt ist. Das Hundebett muß einen ruhigen Platz haben und darf nicht zu groß sein. Der kleine Hund muß sich gerade darin ausstrecken können, sonst geht zuviel Wärme verloren, und er fühlt sich nicht wohl. Führen Sie ihn sofort zu seinem Lager. Stellen Sie Wasser- und Futternapf in die Nähe, und er wird schnell begreifen, daß hier sein Revier ist.

Der Raum, in dem er sein Lager bekommt, sollte gleichmäßig warm und abends auch ruhig und dunkel genug sein, daß er sich schlafen legen kann, wenn er müde wird. Es sollte hier auch nichts schaden, wenn er mal Wasser schlabbert oder mit Futter kleckert.

Die erste Nacht im neuen Heim ist die schlimmste, und von ihr hängen alle weiteren ab. Der junge Hund ist zum erstenmal in seinem Leben allein, das Lager ist ihm noch fremd und Sie, an die er sich gerade zu gewöhnen begann, haben ihn schon wieder verlassen. Er wird jämmerlich weinen, vielleicht die ganze Nacht, und Sie werden sich in Ihrem Bett wälzen und mit der Versuchung ringen, die Türe zu öffnen und ihn in Ihr Schlafzimmer zu holen. Bleiben Sie hart! Wenn Sie nachgeben, dann liegt er morgens beim Aufwachen bestimmt in Ihrem Bett, und was Sie dem armen kleinen Hundebaby einmal gestatten, werden Sie dem erwachsenen Hund kaum noch austreiben können.

Lassen Sie das Licht im Flur an und die Tür zum Raum, in dem er schläft, einen kleinen Spalt auf. Legen Sie ihm seine Wärmflasche in den Korb als Ersatz für die Wärme und Geborgenheit seiner Kinderstube und stellen Sie ihm vielleicht noch einen Wecker hinein (das gleichmäßige Ticken erinnert ihn an den Herzschlag der Mutter). Auf diese Weise können Sie ihm helfen, die erste Nacht zu überstehen.

Die Erziehung beginnt

Ihre erste Sorge wird sein, dem kleinen Hausgenossen beizubringen, wie man sich in einer gepflegten Wohnung benimmt. Legen Sie die Umgebung seines Lagers mit Zeitungspapier aus, denn dort passieren nach dem Fressen und nach dem Schlafen die meisten Unfälle. Nach jeder Mahlzeit bringen Sie ihn nach draußen und bleiben bei ihm, bis er sein Geschäft erledigt hat. Dann loben und streicheln Sie ihn und bringen ihn sofort ins Haus zurück, damit er merkt, weshalb er hinausgeführt wurde. Hinterläßt er Spuren in der Wohnung, dann weisen Sie ihn mit einem scharfen »Nein« zurecht und bringen ihn jedesmal nach draußen. Schlagen Sie ihn nicht, er wird dadurch nur eingeschüchtert. Passiert eine Panne, dann sollten Sie den »See« auf dem Teppich sofort mit klarem Wasser oder mildem Seifenwasser auswaschen. Tun Sie es nicht, läßt der Fleck sich nie mehr beseitigen, denn der scharfe Urin ätzt die Farbe aus dem Teppich.

Verzweifeln sie nicht, wenn Ihre Bemühungen um einen stubenreinen Hund nicht sofort Erfolg haben. Ein kleiner Hund hat noch keine Kontrolle über seine Blase. Er wird es um so schneller lernen, je konsequenter Sie sind. Konsequenz ist überhaupt das A und O der Erziehung. Einmal

Um dem jungen Hund die erste Nacht in der fremden Umgebung zu erleichtern, können Sie ihm eine Wärmflasche in den Korb legen. Es ist ratsam, den Boden rings um seinen Korb dick mit Zeitungspapier zu bedecken. Es saugt am besten seine kleinen Pfützen auf.

»Nein«, wenn er nicht auf die helle Couch darf, muß »Nein« bleiben – ohne Ausnahme.

Junge Hunde nagen an allem herum, was ihnen vor die Schnauze kommt, selbst an Schränken und Polstermöbeln. Geben Sie ihm nie Ihre alten Hausschuhe zum Spielen. Er kennt den Unterschied nicht und wird sich anschließend über Ihre neuen hermachen. Alle Dinge im Haus, die für ihn tabu sind, müssen ihm immer wieder mit Nachdruck verweigert werden, bis er es schließlich begriffen hat. Um seinen Spieltrieb zu befriedigen, geben Sie ihm eigenes Spielzeug, an dem er nach Herzenslust herumnagen kann: einen Tennisball, Hartgummiknochen und Kalbsknochen (erst nach dem Zahnwechsel). Spielzeug aus Schaumstoff und Plastik, von dem er Stücke abreißen und hinunterschlucken kann, ist nicht geeignet.

Fangen Sie gar nicht erst an, ihn am Tisch zu füttern. Einmal sind die Happen, die Sie ihm zustecken, wahrscheinlich ungesund für einen Hund: Kuchen und Süßigkeiten, gewürztes Fleisch und scharfe Wurst können ihm auf die Dauer schaden. Zum anderen muß es für jeden am Tisch peinlich sein, beim Essen immer die bettelnden Hundeaugen auf sich gerichtet zu sehen. Ein richtig ernährter Hund braucht keine Zwischenmahlzeiten in dieser Form. Wenn Sie es nicht ertragen können, daß Ihr Hund zusehen soll, dann sperren Sie ihn während der Mahlzeit aus oder geben Sie ihm zur Ablenkung einen Hundekuchen.

Gehorsam muß sein

Er muß lernen, Ihnen aufs Wort zu gehorchen, denn das kann – zum Beispiel im Straßenverkehr – lebenswichtig für ihn sein. Gehen Sie Schritt für Schritt vor; er kann nicht zuviel auf einmal begreifen. Wichtig: Die Erziehung sollte nicht den Kindern überlassen werden, zumindest nicht den kleineren. Sie verfügen noch nicht über die notwendige Konsequenz.

Legen Sie ihm zuerst einmal ein Halsband um und geben Sie ihm ein paar Tage Zeit, sich daran zu gewöhnen, bevor Sie ihn an die Leine nehmen. Beim Kauf des Halsbandes müssen Sie daran denken, daß Ihr Hund nicht so klein bleibt, wie er ist. Einem großen und starken Hund sollten Sie ein Metallhalsband geben, vorausgesetzt, er hat keine langen Haare, die sich in den Gliedern verfangen können. Das würde ihm weh tun. Noch ein wichtiger Tip: Wenn Sie an seinem Halsband außer der Hundemarke noch ein kleines Schildchen mit Ihrer Anschrift und Telefonnummer befestigen, dann dürfen Sie hoffen, daß Sie schnell benachrichtigt werden, falls Ihr Hund einmal verlorengeht und von Fremden aufgefunden wird.

Lassen Sie Ihren Hund zum erstenmal an der Leine eine Weile hin und her laufen, dann geben Sie ihm durch sanftes Ziehen zu verstehen, in welche Richtung Sie gehen wollen. Er wird es schnell begreifen. Auf keinen Fall dürfen Sie irgendeine Leistung durch Gewalt erzwingen wollen. Stetige Wiederholung der Aufgaben führt auch zum Ziel, ohne ihn zu verängstigen.

Nun nehmen Sie die Leine in eine Hand und halten sie mit der anderen so knapp über dem Kopf des Hundes fest, daß er keine andere Wahl hat, als dicht neben Ihnen zu gehen. Sagen Sie fest: »Fuß!« oder »Bei Fuß!« und ziehen Sie ihn mit einem kurzen Ruck an der Leine zurück, wenn er vorpreschen will. Üben Sie so lange, bis er auch ohne Leine neben Ihnen herläuft, aber trainieren Sie nicht mehr als eine Viertelstunde am Tag, sonst verliert er die Lust. Zur

Belohnung für gute Leistung darf er einen Hundekeks haben.

Nach »Fuß!« kommt »Steh!« oder »Halt!«. Ziehen Sie kräftiger an der Leine, daß er stehenbleibt. Wenn er steht, gehen Sie um ihn herum oder ein paar Schritte weg und wiederholen das Kommando scharf, sobald er Anstalten macht, Ihnen zu folgen. Er muß selbst dann stehen bleiben, wenn Sie aus dem Zimmer gehen. Erst wenn er das »Steh!«- oder »Halt!«-Kommando strikt befolgt, bringen Sie ihm »Komm!« oder »Hier!« bei. Dazu legen Sie ihm wieder die Leine an und ziehen ihn gleichzeitig mit dem Befehl zu sich herüber. Benutzen Sie immer das gleiche Kommandowort für eine Aufgabe, fügen Sie höchstens noch seinen Namen hinzu, mehrere Ausdrücke für die gleiche Sache machen es zu kompliziert für ihn.

Bei »Sitz!« oder »Platz!« ziehen Sie die Leine mit der einen Hand nach oben und drücken gleichzeitig mit der anderen Hand seine Hinterhand nach unten. Soll er sich ganz hinlegen, dann ziehen Sie seinen Kopf mit der Leine herunter. Das können Sie mit dem Fuß machen, dazu müssen Sie nicht in die Knie gehen. Helfen Sie nach, indem Sie mit der Hand seinen Kopf hinunterdrücken. Das englische »down« statt »Runter!« oder »Hinlegen!« ist kürzer und einprägsamer.

Die beste Trainingszeit ist vor den Mahlzeiten, denn dann ist der Hund besonders wach und aufnahmefähig. Haben Sie ihn vorher eine Weile allein gelassen, so wird er nun besonders erfreut darüber sein, daß Sie sich mit ihm wieder beschäftigen. Er wird willig Ihren Anweisungen folgen. Versuchen Sie nie, mit Gewalt den Hund zu erziehen, er wird sonst unruhig und ängstlich. Verlieren Sie nie die Geduld – es wird sich auszahlen.

Alle Lektionen müssen Sie gelegentlich wiederholen,

damit Ihr Hund sie nicht vergißt. Am wichtigsten ist es im Hinblick auf den starken Autoverkehr, daß er auf den Befehl »Halt!« oder »Steh!« sofort reagiert.

Kläffer sind nicht beliebt

Daß Hunde, die bellen, nicht beißen, stimmt nicht. Manche Hunde tun beides. Es ihnen abzugewöhnen, ist schwierig und häufig unmöglich. Viele kleinere Hunderassen neigen einfach zum Bellen. Manchmal aus Furcht oder Einsamkeit, manchmal aus Langeweile oder aufgestauter Energie. Folgendes können Sie tun: Wenn Ihr Hund jeden anbellt, der an die Tür kommt, dann versuchen Sie ihm klarzumachen, daß regelmäßige Besucher wie der Briefträger, der Zeitungsjunge und die Nachbarin gute Bekannte sind, über deren Besuch Sie – und er – sich freuen. Beruhigen Sie ihn, statt ihn zu strafen, und halten Sie ihm die Schnauze zu. Daß er Fremde meldet, dürfen Sie nicht unterdrücken: wachsam soll er ja sein.

Verschaffen Sie ihm mehr Bewegung. Es könnte sein, daß er zu wenig Spielraum für seine Aktivität hat. Hat er sich ordentlich müde gelaufen, wird er zum Bellen weniger Lust verspüren.

Bellt Ihr Hund zum Herzerweichen, sobald Sie ihn allein lassen, dann können Sie es ihm auf diese Weise abgewöhnen: Befehlen Sie ihm: »Still!« und verlassen Sie das Zimmer. Beginnt er zu bellen, kommen Sie sofort zurück und wiederholen Ihren Befehl. Bleibt er ruhig, loben und streicheln Sie ihn. Dehnen Sie Ihre Abwesenheit immer etwas mehr aus, gehen Sie notfalls auch jedesmal aus dem Haus, damit er Sie nicht mehr wahrnimmt.

Beißt Ihr Hund, dann müssen Sie ihm in kritischen Situationen die Schnauze festhalten und im übrigen solche Gelegenheiten, die ihn reizen könnten, weitgehend zu vermeiden suchen. Halten Sie ihn eingezäumt oder angeleint und warnen Sie Neugierige, nicht in seine Nähe zu gehen. Fremde beißt der Hund meist aus Angst. Greift er aber auch Sie und die Kinder an, dann lassen Sie besser einen Fachmann versuchen, ihm diese Unart abzugewöhnen. Hundezüchter haben mit gezielten Erziehungsmethoden manchmal in wenigen Wochen Erfolg.

Ein gepflegter Hund ist ein gesunder Hund

Beides ist eng miteinander verknüpft, denn manche Hundekrankheit ist nur eine Folge mangelnder Pflege und könnte verhindert werden. Ungeziefer zum Beispiel hat wenig Chancen sich einzunisten, wenn das Fell täglich gebürstet und bei den ersten Anzeichen – häufiges Kratzen und Beißen in das Fell – sofort mit DDT-Puder oder Insektenspray behandelt wird. Flöhe, Läuse, Zecken und andere Parasiten sind nicht nur sehr lästig für den Hund, sie übertragen auch andere Krankheiten. Schon allein darum müssen Sie ihn vor dieser Plage bewahren.

Langhaarige Hunde werden täglich mit einem weitzinkigen Kamm gekämmt und mit einer langborstigen Bürste, die bis auf die Haut geht, gebürstet. Am besten sind zwei Bürsten, eine feste für Rücken und Beine, eine weiche für die empfindlicheren Bauchpartien und den Kopf. Für kurzhaarige Rassen genügt eine kurze, feste Bürste. Glatthaarige Hunde wie Boxer reiben Sie zum Schluß mit einem ausgewrungenen Fensterleder oder einem Lederhandschuh ab, das macht ihr Fell schön glänzend. Pudel müssen außerdem regelmäßig alle vier bis acht Wochen geschoren werden, Terrier werden zweimal im Jahr getrimmt. Ein täglich mit Kamm und Bürste »entstaubter« Hund muß nicht mehr als zweimal im Jahr gebadet werden. Zwischendurch kann man ihn mit einem Schwamm abwaschen. Öfteres Baden schadet ihm jedoch auch nicht, wenn Ihnen das aus hygienischen Gründen lieber ist. Junge Hunde werden frühestens mit sechs Monaten zum ersten Mal gebadet.

Das tägliche Kämmen und Bürsten des Hundes können sehr gut die Kinder übernehmen. Wenn sie schon größer sind, dürfen sie auch die Augen und Ohren reinigen. Doch das Schneiden der Krallen, wenn es erforderlich ist, sollte man Kindern nicht überlassen.

Das Wasser in der Badewanne soll handwarm sein und nicht höher als seine Beine reichen. Stecken Sie Ihrem Hund kleine Kügelchen Watte in die Ohren, damit kein Wasser eindringen kann. Nehmen Sie Hundeshampoo oder Kindershampoo, das nicht in den Augen beißt. Ein mildes Spülmittel genügt auch. Spülen Sie ihn zum Schluß gut ab, am besten mit einer Handbrause. Shampoorückstände im Fell können die Haut reizen.

Einen langhaarigen Hund sollten Sie wenig oder gar nicht waschen, damit die Haare nicht ihr natürliches Fett und ihren Glanz verlieren. Schmutzig brauchen diese Hunde trotzdem nicht zu sein, denn es gibt wirksame Trockenshampoos. Der große Vorteil der Trockenwäsche: der Hund kann sich nicht erkälten.

Die Ohren reinigen Sie mit einem in Oliven- oder Kinderöl getränkten Wattestäbchen. Ohrenschmalz weichen Sie vorher mit ein paar Tropfen Öl auf.

Die Augen können Sie mit einem ganz weichen, sauberen Tuch abwischen. Sind sie gerötet, hilft Auswaschen mit einer lauwarmen, dreiprozentigen Borwasserlösung oder Kamillentee.

Die Nägel sollten spätestens dann geschnitten werden, wenn beim Laufen die Krallen auf den harten Asphalt schlagen oder im Teppich hängen bleiben. Beim Stadt- und Zimmerhund ist dies öfter notwendig als beim Landhund. Benutzen Sie nur ein besonderes Klippinstrument und schneiden Sie nur die durchsichtige Vorderkante der Nägel ab. Bei schwarzen Nägeln müssen Sie besonders vorsichtig sein, weil Sie nicht sehen können, wie weit der Nagel übersteht.

Die Zähne brauchen im allgemeinen keine Pflege. Bekommt der Hund genügend große Knochen zum Nagen, dann bleiben sie von allein sauber. Bei jungen Hunden, die nur weiche Nahrung erhalten, bildet sich manchmal ein Belag, den man mit einer Zahnbürste entfernen kann. Mit vier Monaten machen die Milchzähne dem bleibenden Gebiß Platz. Zahnstein, der gelegentlich auftritt, läßt man vom Tierarzt entfernen.

Impfungen und Krankheiten

Fragen Sie den Züchter, bei dem Sie den Hund kaufen, ob er schon irgendwelche Impfungen erhalten hat. Im Alter von zwei Monaten muß er gegen die lebensgefährliche Staupe und gegen Viruskrankheiten geimpft werden, im Alter von 4 Monaten kann man ihn gegen Tollwut impfen lassen. Selbst wenn das alles geschehen ist, stellen Sie Ihren neuen Hausgenossen einmal dem Tierarzt vor, um ihn untersuchen zu lassen. Fast alle jungen Hunde haben Würmer. Wenn bisher noch keine Wurmkur gemacht wurde, dann wird es nun Zeit. Würmer zehren an der Lebenskraft, junge Hunde können daran eingehen. Wenn ein Hund stark abmagert, liegt immer die Vermutung nahe, daß er Wurmbefall hat. Um welche Wurmart es sich handelt und welches Mittel wirksam ist, muß der Tierarzt feststellen.

Hautkrankheiten, die sich in Ausschlag, Rötungen, Geschwüren oder Haarausfall äußern, muß ebenfalls der Tierarzt diagnostizieren. Sie können sehr verschiedene Ursachen haben. Kleine Furunkel können Sie, wenn sie reif sind, selbst mit einer sterilisierten Nadel aufstechen oder ausdrücken.

Offene Wunden, Verbrennungen und Insektenstiche behandeln Sie ähnlich wie menschliche Verletzungen dieser Art. Prüfen Sie nach, ob Ihre Hausapotheke alles enthält, was für die Erste Hilfe erforderlich ist: Watte, sterile Mullbinden, Alkohol, Antiseptikum, Salben.

Fieber kann ein Anzeichen einer ernsthaften Erkrankung sein. Glanzloses Fell, eine heiße Nase, trübe Augen und allgemeine Lustlosigkeit deuten es an. Prüfen Sie die Temperatur, indem Sie ein mit etwas Vaseline eingefettetes Thermometer für zwei Minuten rektal einführen. Die normale Körpertemperatur beträgt etwa 38,5 Grad. Steigt sie über 40 Grad, sollte man den Tierarzt zu Rate ziehen. Beim Welpen ist leichte Temperatur beim Zahnwechsel oder nach dem Impfen nicht beunruhigend.

Bei Durchfall geben Sie Ihrem Hund nur Haferschleim mit Wasser gekocht und Zwieback, dazu etwas Kohle.

Erbrechen kommt bei Hunden häufig vor. Die Ursache kann eine Vergiftung, Aufregung oder Überfütterung sein. Würgendes Erbrechen, anhaltender Durchfall, Fieber, dazu noch Krämpfe oder Lähmungen und eitrige Bindehautentzündung sind aber auch die Anzeichen der Staupe sowie der Stuttgarter Hundeseuche und der Toxoplasmose, die sich beide auch auf Menschen übertragen können. Für das befallene Tier verlaufen diese Krankheiten tödlich, wenn sie nicht im frühen Stadium behandelt werden. Darum ist es wichtig, alle Symptome sorgfältig zu beobachten.

Tollwut ist auch für den Menschen die gefährlichste Hundekrankheit. Sie wird durch Biß übertragen und muß sofort ärztlich behandelt werden, sonst gibt es keine Rettung mehr. Die Krankheit äußert sich beim Tier in Tobsucht und Bissigkeit, starker Unruhe, Gereiztheit und Atemnot. Ein tollwütiger Hund muß sofort getötet werden, die Krankheit ist unheilbar.

Die Furcht, daß Hundekrankheiten sich auf Menschen übertragen können, ist nicht ganz unbegründet. Die Gefahr ist allerdings gering, wenn die Krankheiten rechtzeitig erkannt werden. Hygiene ist besonders während der Behandlung wichtig: nach jeder Berührung Hände waschen. Der beste Schutz ist die vorbeugende Impfung.

Für Menschen bestimmte Medikamente sind im allgemeinen für den Hund nicht zu gebrauchen. Schlaftabletten zum Beispiel können bei ihm genau das Gegenteil bewirken. Baldrian zur Beruhigung, flüssiges Magnesium gegen Magenverstimmung und Verstopfung, Reisetabletten, wenn er das Autofahren nicht verträgt, können nicht schaden.

Sorgen für den kranken Hund

Er braucht vor allem Ruhe. Am besten einen Raum für sich, in dem es warm und nicht zu hell ist. Wenn er nicht auf die Straße gehen kann, dann legen Sie den Boden um sein Lager herum mit Zeitungspapier aus. Sein Bett muß in dieser Zeit besonders sauber gehalten und viel gelüftet werden. Ist er zu schwach, um aufzustehen, so legen Sie ihn auf waschbare Tücher oder weiche Papiertücher. Ein kleines Tuch können Sie ihm als Windel umlegen. Wischen Sie ihn häufig mit einem leicht angefeuchteten Tuch ab und pudern Sie ihn, damit er sich nicht wund liegt.

Medizin können Sie Ihrem Hund unters Fressen mischen. Tabletten nimmt er bestimmt, wenn Sie sie ihm in ein Kügelchen Hackfleisch rollen. Für einen kranken Hund, der kein Futter zu sich nimmt, sind Medikamente lebenswichtig. Schluckt er sie nicht freiwillig, dann müssen Sie sie ihm hineinzwingen. Fetten Sie die Tabletten vorher mit Öl oder Butter ein, dann rutschen sie besser. Mit einer Hand pressen Sie seine Mundwinkel gegeneinander, bis er die Schnauze öffnet. Sie können nachhelfen, indem Sie seine Lefzen (Lippen) zwischen die Zähne drükken. Schieben Sie nun die Tablette in die Schnauze und halten Sie seinen Kopf dabei zurück, damit sie möglichst weit in den Rachen rutscht. Nun schließen Sie die Schnauze und halten sie mit einer Hand zu, während Sie mit der anderen Hand sanft den noch immer gestreckten Hals massieren, bis er die Tablette hinunterschluckt.

Flüssige Medizin muß er schlucken, wenn Sie seine Unterlippe seitlich bei den Mundwinkeln etwas abziehen, die Flüssigkeit in die Öffnung schütten und dann seinen Kopf hochhalten, damit sie durch die Zähne hinunterlaufen kann.

Tabletten dürfen Sie übrigens niemals Ihrem Hund in den Hals werfen oder flüssige Medizin einfach in den Schlund kippen. Beides könnte dann allzu leicht in die Luftröhre geraten.

Das richtige Futter für den Hund

Junge Welpen erhalten als erste Zusatznahrung, solange sie noch gesäugt werden, eine lauwarme, dünne Suppe aus Milch und Hafermehl. Allmählich steigert man die Mahlzeiten auf fünf, über den ganzen Tag verteilt, und läßt die Welpen gleichzeitig weniger bei der Mutter trinken, zum Schluß nur noch morgens und abends. Spätestens mit sechs Wochen sind die Jungen abgesäugt. Geben Sie ihnen aber weiter, bis sie ein Jahr alt sind, zweimal täglich angewärmte Milch, die Sie mit Eigelb oder etwas Honig anreichern können.

Der Brei zu den Hauptmahlzeiten wird allmählich dikker und kräftiger. Er ist, zusammen mit Fleisch, das

Grundfutter des Hundes. Außer Haferflocken können Sie Grieß, Mais, Hirse oder ungeschälten Reis füttern. Beim erwachsenen Hund ersetzen Sie die Milch durch Wasser oder besser durch gesiebte Knochen- oder Fleischbrühe.

In der fünften Woche reichern Sie den Brei mit geriebenen Möhren an, in der sechsten Woche mischen Sie zusätzlich Hackfleisch unter das Futter. Die Fleischmahlzeit wird immer zur gleichen Zeit gegeben, mittags oder am frühen Abend, am besten dann, wenn Sie Ihre Hauptmahlzeit einnehmen. Dann muß der erwachsene Hund, der nur noch diese eine Mahlzeit erhält, nicht hungrig zuschauen.

Reduzieren Sie die Zahl der Mahlzeiten mit sechs Monaten auf drei und weiter bis auf eine mit einem Jahr. Abends kann er als Betthupferl noch ein Stück Hundekuchen bekommen, das gut für seine Zähne ist. Milch braucht er nicht mehr, dafür ständig frisches Wasser.

Das erste Lebensjahr entscheidet darüber, ob Ihr Hundebaby einmal ein gesunder und kräftiger Hund wird. Ernährungsfehler in dieser Zeit sind nie mehr gutzumachen. Um ganz sicher zu gehen, daß Ihr junger Hund auch die richtigen Aufbaustoffe in ausreichender Menge bekommt, geben Sie ihm täglich ein bis zwei Kalktabletten und mischen mindestens jeden zweiten Tag einen Teelöffel Lebertran unter das Futter.

Die Ernährung muß besonders reich an Vitaminen und Eiweiß sein, um späteren Krankheiten und Knochenverformungen vorzubeugen. Geben Sie neben geriebenen Möhren immer reichlich Grünzeug ins Fressen, wie kurz gebrühten Spinat, Petersilie oder Sellerieblätter. Eiweiß erhält er durch Fleisch oder Ei und Quark, wenn er das mag.

Innereien wie Herz, Leber, Nieren, Magen und Milz

sind ebenso nahrhaft wie Fleisch. Dem jungen Hund geben Sie es zunächst durchgedreht, dem erwachsenen Hund in größeren Stücken, an denen er etwas zu beißen hat. Am Gebiß erkennt man noch die Abstammung vom Wildhund. Die spitzen Eck- oder Reißzähne sind dazu da, Beute (Fleisch) zu reißen und sich an harten Knochen zu schärfen. Fleisch muß daher die Hauptnahrung sein. Sie können das Fleisch kurz abbrühen oder roh füttern. Die Meinungen darüber, was besser ist, gehen auseinander. Rohes Fleisch mag gesünder sein. Hunde jedoch, die nur rohes Fleisch bekommen, riechen leicht. Schweinefleisch sollte wegen der Trichinengefahr auf jeden Fall gekocht werden.

Nicht einseitig ernähren

Es wäre falsch, einen Hund nur mit Fleisch zu füttern. Er braucht ebenso notwendig Vitamine und die Kohlehydrate und Nährstoffe von pflanzlichen Produkten wie Getreide. Gegen Fertignahrung für Hunde ist nichts einzuwenden. Sie enthält die wichtigsten Grundstoffe der Ernährung. Man sollte sie jedoch durch Frischkost ergänzen.

Absolut verboten für den Hund sind Hülsenfrüchte, Kohl und Süßigkeiten jeder Art. Sein Essen soll möglichst salzlos und ohne Gewürze zubereitet werden. Zwischen den Mahlzeiten dürfen Sie ihm nichts zustecken. Erlauben Sie auch nicht, daß Fremde ihn füttern.

Sobald Ihr Hund erwachsen ist, legen Sie in jeder Woche einen Fastentag ein. Bleiben Sie standhaft, auch wenn er Sie noch so bittend anblickt; er hält das gut durch. Seine wilden Vorfahren gingen auch manch einen Tag leer aus. Es hilft, ihn gesund und aktiv zu halten. Stadthunde haben ohnehin meist zu wenig Bewegung. Um so mehr muß man sich davor hüten, sie zu überfüttern. Ein bißchen hungern ist viel ungefährlicher.

Lassen Sie Ihren Hund niemals fressen, wann *er* gerade will. Rührt er sein Futter nicht an oder frißt er es innerhalb einer halben Stunde nicht auf, dann nehmen Sie es weg und geben ihm nichts mehr bis zur nächsten Mahlzeit. Das gilt auch schon für die kleinen Welpen. Die Futtermenge richtet sich nach der Größe des Hundes: Mit einem Viertelpfund Fleisch und zwei Löffeln Haferflocken wird ein erwachsener Pinscher oder Zwergpudel satt. Ein Spaniel braucht schon die dreifache Menge, und ein Boxer frißt 1 1/2 bis 2 Pfund Fleisch. Dazu noch ein halbes Pfund Haferflocken oder andere Beikost.

Die Aufzucht von Welpen

Wenn Ihre Wahl auf eine Rassehündin fiel, werden Sie vermutlich auch züchten wollen. Den Vater Ihrer zukünftigen Hundekinder lassen Sie sich von einem Züchter vermitteln. Ihre Hündin sollte mindestens ein Jahr alt und zum zweiten Mal, besser zum dritten Mal läufig sein. Die Hitze dauert etwa drei Wochen, die beste Paarungszeit ist gegen Ende der zweiten Woche. Eine Schwangerschaft dauert 62 bis 65 Tage. Die Hündin muß während dieser Zeit frei von Würmern sein, denn Würmer übertragen sich auf die ungeborenen Jungen. Da sie noch keine Widerstandskraft haben, können sie nach der Geburt leicht daran eingehen. Sie muß ausreichend Bewegung haben, darf sich aber nicht überanstrengen. Das Futter soll leicht verdaulich sein, besonders eiweiß- und vitaminhaltig. Rohes Eigelb (kein Eiweiß) liefert das für die Milchbildung wichtige Lecithin. Kalzium und Lebertran, vor allem in der letzten Zeit regelmäßig dem Futter beigegeben, kommen der Hündin und auch den jungen Hunden zugute. Damit es ihren Magen nicht belastet, wird das Futter zunächst auf zwei und nach etwa einem Monat auf drei Mahlzeiten verteilt.

Das Wurflager

Das Lager kann aus einer Kiste oder einem starken Karton bestehen und sollte dunkel, fast geschlossen in einem ruhigen Raum stehen. Es muß groß genug für die Mutter und ihre Jungen sein. In die Kiste legen Sie eine Matratze, einen alten Teppich oder eine feste Decke, die nicht verrutschen kann, dazu ein Tuch oder unbedrucktes Papier.

Daß die Geburt bevorsteht, macht sich durch eine große Unruhe der Hündin bemerkbar. Sie wälzt sich rastlos hin und her, bis der erste Welpe geboren ist. 4 bis 8 Junge werden im Abstand von zehn Minuten bis zwei Stunden geboren. Dauert es länger, dann sollte man den Tierarzt verständigen. Die Mutter nabelt die Jungen ab und leckt sie trocken. Sie frißt auch die Nachgeburt auf, die sehr hormonhaltig ist. Dankbar ist sie auch für warme Milch, mit etwas Honig gesüßt, die Sie ihr zwischen den Geburten geben.

Mehr als vier bis fünf Junge sollte man der Hundemutter vor allem beim ersten Wurf nicht lassen, die schwächsten Welpen kämen sonst immer zu kurz und hätten wenig Chancen, sich zu gesunden, kräftigen Hunden zu entwikkeln. Sie werden blind geboren, finden aber sofort die Milchquelle. Achten Sie darauf, daß nicht ein Kleines von den anderen immer abgedrängt wird. Legen Sie es dann selber der Hündin zum Trinken an.

Wenn alle Jungen geboren sind, reinigen Sie einmal vorsichtig das Lager und legen es mit einem frischen festen Tuch aus. Lassen Sie die Hündin und ihre Jungen in der ersten Zeit in Ruhe. Sie versorgt sie allein und hält sie auch sauber. Stört man sie zuviel, so kann es passieren, daß sie ihre Familie verläßt – das sollten Sie auch Ihren Kindern erklären. Wie mühsam es ist, die Kleinen dann mit der Flasche aufzuziehen, sollten Sie lieber nicht ausprobieren.

Während die werdende Hundemutter kräftiges, jedoch nur wenig mehr Futter als normal erhält, braucht sie nach der Geburt die doppelte Menge, zum größten Teil Fleisch, Fisch, Quark und Ei. Lebertran sollte sie jeden Tag etwa einen Eßlöffel voll bekommen und außerdem 2 bis 4 Kalktabletten, je nach Größe der Hündin. Nach drei bis vier Wochen, wenn man bei den Welpen mit der Zusatzkost beginnt, erhält die Mutter allmählich wieder normales Futter.

Die Katze

Verehrt und verfolgt

Kein Haustier wird so geliebt und so gehaßt. Katzenfreunde bringen es fertig, ihre Wohnung mit zehn oder zwanzig Katzen zu teilen, Katzenfeinde halten Katzen für heimtückisch, naschhaft und nehmen es ihnen übel, daß sie Jagd auf Vögel und andere Kleintiere machen. Daß Katzen Vögel fangen, stimmt natürlich. Es ist ihr angeborener Trieb, der sich durch keine Erziehung ganz unterdrücken läßt. Aber sie fangen ja auch Mäuse, sind also durchaus nützliche Tiere. Im übrigen kann man es kaum den Katzen anlasten, wenn immer weniger Vögel uns durch ihr Gezwitscher erfreuen: Es ist vielmehr der Mensch, der zugunsten neuer Bauten Bäume und Sträucher abholzt, die Insekten vernichtet und so ihre Existenz und ihren Lebensraum gefährdet. Fachleute sind der Meinung, daß Katzen eher der Vogelwelt durch die Ausmerzung meist schwacher Jungtiere nutzen als sie dezimieren.

Die Ahnherrin unserer heutigen Hauskatze, die Falbkatze, war als Tempelkatze schon vor rund 5000 Jahren im alten Ägypten hochgeehrt. Sie war eine Wildkatze, die allmählich zur Haus- und Jagdkatze herangezüchtet wurde. In Indien und Ostasien entwickelten sich aus ihr die Chinesischen, Angora-, Burma- und Siamkatzen. Nach Europa kam die Falbkatze vor zweitausend Jahren mit den Römern. Kreuzungen mit europäischen Wildkatzen brachten die beiden Typen der Hauskatze hervor: die gedrungenen, tigerartig gefleckten kurzhaarigen und die hochbeinigen, schlanken Tiere mit schmalem Kopf und einfarbigem Fell.

Kinder und Katzen verstehen sich gut: Beide sind verspielt, beide sind anlehnungsbedürftig und eigenwillig. Vor allem stille, introvertierte Kinder finden zur Katze eher Kontakt als zu einem lebhaften Hund. Ihre geschmeidigen, harmonischen Bewegungen wirken beruhigend. Freundschaften zwischen Kindern und Katzen haben Aussicht auf Bestand, denn eine Hauskatze kann leicht 15 Jahre alt werden.

Schlecht erging es den Katzen im Mittelalter, als man ihre geheimnisvolle Art mit Hexenzauber in Verbindung brachte und verfolgte. Als Rattenvertilger bei Pestepidemien gelangten sie wieder zu Ansehen.

Ein Tier mit »Charakter«

Die Katze ist das einzige größere Haustier, das man ohne Schwierigkeiten in einer kleinen Wohnung halten kann, weil sie sehr sauber ist und sich mit wenig Auslauf zufrieden gibt. Sie ist zärtlich und anhänglich, verspielt und amüsant – aber sie ist es nur, wenn sie will. Sie ist darum nichts für Menschen, die von einem Tier Gehorsam erwarten und es nach ihren Wünschen abrichten wollen. Da macht sie einfach nicht mit. Unterwürfigkeit ist unter ihrer Würde. Wer Artfremdes von ihr verlangt, den straft sie mit Verachtung. Freude an Katzen hat nur, wer ihre Eigenart und ihre ausgeprägte Persönlichkeit respektiert. Das muß man auch Kindern erklären. Kinder und Katzen sind gleichermaßen verspielt, und Ihr Kind schließt recht bald Freundschaft mit der Katze, wenn es ihre Eigenheiten anerkennt.

Katzen sind Einzelgänger, aber sie brauchen trotzdem Gesellschaft. Falls Ihre Katze viel allein bleiben muß, dann schaffen Sie besser gleich zwei an – vorausgesetzt, daß jede ihr Revier in einem eigenen Raum haben kann. Auch mit anderen Haustieren, z. B. Hunden, Meerschweinchen, ja selbst mit Stubenvögeln, schließen Katzen dauerhafte Freundschaften, wenn sie früh an die anderen Hausgenossen gewöhnt wurden.

Hauskatze oder Edelkatze?

Das ist Geschmackssache und auch eine Frage des Geldbeutels. Ein kleines Hauskätzchen bekommt man bestimmt irgendwo geschenkt, denn Katzenhalter sind meist froh, wenn sie ein Heim für den oft unerwünschten Nachwuchs finden. Sie können sich auch für ein paar Mark ein Kätzchen aus dem Tierheim holen. Damit tun Sie noch ein gutes Werk. Hauskatzen sind widerstandsfähiger, dabei nicht weniger intelligent und anhänglich als Edelkatzen.

Bei den Edelkatzen unterscheidet man die grauen und weißen langhaarigen Perser-, Burma- und Angorakatzen und die kurzhaarigen Siamkatzen.

Die Langhaarigen müssen täglich gebürstet werden. Zwar putzen sie sich selber den ganzen Tag, aber allein schaffen sie es trotzdem nicht. Sie sind auch häufig etwas phlegmatisch und lieben ihre Ruhe über alles. Die Gefahr des Überfütterns ist bei ihnen besonders groß.

Schlank, lebhaft und elegant ist die Siamkatze, die beliebteste unter den Edelkatzen. Sie ist besonders hübsch mit ihrem hellbeigen Fell, der dunklen Zeichnung an Pfoten und Ohren, Maske und Schwanz und den blauen Augen. Ihrer Schönheit ist sie sich durchaus bewußt und gibt sich gern den Anschein von Arroganz. Als einzige unter den Katzen liebt sie es, mit Halsband und Leine spazieren geführt zu werden. Daß sie viel Bewegung braucht und ihre Besitzansprüche auf Wohnung und Möbel recht lautstark vertritt, macht ihre Haltung manchmal etwas schwierig.

Ob Sie ein männliches oder weibliches Tier wählen, macht wenig Unterschied, denn in jedem Fall sollten Sie es sterilisieren lassen. Es wird Ihnen sonst kaum gelingen, eine Katze während ihrer Läufigkeit von allen Katern fernzuhalten oder bei einem Kater den Drang zu nächtlichen Streifzügen zu unterbinden. Daß die Kastration den Kater verändert, kann jedem Katzenbesitzer, der sein Tier in der Wohnung halten muß, nur recht sein. Der kastrierte Kater ist weniger eigenwillig und aggressiv. Der befürchteten Verfettung kann man leicht vorbeugen, indem man ihn richtig ernährt und nicht überfüttert. Kastrierte Kater werden oft so häuslich und anhänglich wie ein weibliches Tier, ihre nächtlichen Konzerte finden seltener und weniger geräuschvoll statt. Und je weniger Ihr Kater streunt, um so weniger Ärger wird es mit den Nachbarn geben.

Katzen werden mit sechs Monaten sterilisiert, bevor sie zum erstenmal läufig werden, Kater ein oder zwei Monate später.

Den Schlafplatz bestimmt sie selbst

Mit acht Wochen kann man kleine Katzen von der Mutter trennen, doch für die Entwicklung der jungen Kätzchen ist es viel besser, wenn man sie noch weitere vier Wochen zusammen spielen läßt. Wenn Sie das Kätzchen dann nach Hause holen, lassen Sie es erst in aller Ruhe die Wohnung inspizieren. Die Kinder dürfen sich nicht gleich draufstürzen, sonst bekommt es Angst und verkriecht sich in die hinterste Ecke. Katzen lieben mollige Wärme. Bereiten Sie in einem Körbchen oder einem Karton ein weiches Lager aus sauberen, waschbaren Decken. Stellen Sie es an einen warmen, trockenen und zugfreien Platz, vielleicht nahe der Heizung. Und seien Sie nicht enttäuscht, wenn Ihr neuer Hausgenossen sein liebevoll ausstaffiertes Lager dann gar nicht benutzt. Es könnte sein, daß ihm ein bestimmter Sessel viel mehr zusagt. Dann geben Sie nach und legen Sie eben dort einen alten Pullover oder ein weiches Tuch aus. Denn zwingen können Sie eine Katze nicht.

Wichtiger noch als das Lager, das die Katze sich auch selber suchen wird, ist ein stilles Örtchen. Es muß bereitstehen, wenn Sie das Kätzchen nach Hause holen. Katzen sind von Natur aus so darauf eingestellt, ihre Ausscheidung zu verscharren, daß sie ohne entsprechende Vorrichtungen in der Wohnung ganz unruhig werden. Als Katzentoilette können Sie ein kleines Kistchen nehmen, möglichst mit einem Blechboden, oder eines der käuflichen Katzenklos aus Kunststoff, die noch leichter sauber zu halten sind. Füllen Sie das Kistchen mit Sand, Torf oder besonders geruchshemmender Katzenstreu, die es in jeder Tierabteilung zu kaufen gibt. Wenn Sie das junge Kätzchen immer wieder in das Kistchen setzen und ihm zeigen, wie es mit den Pfoten scharren kann, wird es ganz schnell den Sinn dieses Plätzchens begreifen, falls es ihn nicht schon von der Mutter gelernt hatte. Es wird auch nie mehr die Wohnung beschmutzen – sofern Sie sein Kistchen peinlich sauber halten. Am besten schütten Sie die Streu nach jeder Benutzung, mindestens aber einmal täglich weg, waschen das Kistchen aus – darum ist Kunststoff so praktisch – und füllen es neu. Dann wird sich auch niemand im Haus über unangenehmen Katzengeruch beklagen können.

Sie werden bemerken, daß sich Ihre Katze sehr oft beleckt, sich putzt. Dabei schluckt sie sehr viele lose Haare hinunter, die sich im Magen zusammenballen und ernsthafte Störungen verursachen können. Um die Haare loszuwerden, frißt sie Gras. Es reizt sie zum Erbrechen, und dabei bringt sie auch die Haarballen wieder hervor. Wenn Sie keinen Garten haben, müssen Sie in Ihrer Wohnung in einem großen Blumentopf Gras für Ihre Katze aussäen.

Die richtige Pflege

Katzen putzen sich den ganzen Tag, aber es ist eben doch nur eine Katzenwäsche. Wenn Sie eine gepflegte Katze haben wollen, dann sollten Sie sie täglich kräftig bürsten. Es schützt vor Ungeziefer und verhindert weitgehend, daß sich lose Katzenhaare gleichmäßig über Polstermöbel und Teppiche verteilen. Für langhaarige Katzen brauchen Sie außerdem einen weitzinkigen Kamm. Verfilzte Haare schneiden Sie vorsichtig aus dem Pelz. Nehmen Sie dazu eine kleine Schere und richten Sie die Spitze beim Schneiden nach außen, damit Sie das Tier bei einer plötzlichen Bewegung nicht verletzen.

Wenn das Fell regelmäßig gepflegt wird, ist Baden nicht erforderlich. Wird es jedoch notwendig, weil Ihre Katze sich irgendwo sehr schmutzig gemacht hat, dann nehmen Sie nur handwarmes Wasser und eine milde Seife oder Shampoo. Um die Augen zu schützen, können Sie in jedes einen Tropfen Babyöl träufeln. Spülen Sie die Seife schnell wieder ab und reiben Sie das Tier mit weichen Frotteetüchern gründlich trocken. Halten Sie die Katze im Zimmer, bis das Fell ganz trocken ist, denn sie erkältet sich leicht.

Junge Kätzchen unter sechs Monaten sollten nicht gebadet werden. Ein verschmutztes Fell kann man bei ihnen auch mit einem feuchten Schwamm oder einem in Alkohol getränkten Wattebausch abreiben, denn es ist nicht notwendig, daß sie alle Spuren des Herumstöberns auf staubigen Dachböden selber ablecken. Kontrollieren Sie bei der täglichen Haarpflege auch gleich die Ohren. Ohrenschmalz entfernen Sie mit einem Wattestäbchen, verklebte Augenwinkel wischen Sie vorsichtig mit etwas feuchter Watte aus. Lange Nägel müssen geschnitten werden, sonst fühlt sich die Katze unbehaglich beim Laufen.

Trotz Pediküre lassen Katzen nicht von ihrer angeborenen Gewohnheit, gelegentlich ihre Krallen zu wetzen. Falls Sie nicht bereit sind, Ihre Couch für diese Beschäftigung zu opfern, müssen Sie eine Kratzmatte oder einen Kratzpfosten zu Verfügung stellen.

Für einen Kratzpfosten benötigen Sie nichts weiter als ein dickes Brett als Standfuß, in dem Sie eine Stange oder ein Stück Besenstiel befestigen. Den Stiel umwickeln Sie fest mit Teppichresten. Und dann bringen Sie Ihre Katze immer wieder zum Kratzpfosten, sobald sie Anstalten macht, an Ihren guten Polstermöbeln ihre Krallen zu wetzen.

Für eine Kratzmatte nageln Sie eine alte Fußmatte oder einen Teppichrest auf ein großes Brett. Für einen Kratzpfosten stecken Sie einen Besenstiel in einen Holzfuß und umwickeln den Stab dann fest und dick mit Teppichstükken. Ob die Katze Ihre Mühe allerdings würdigt und die Matte auch benutzt, läßt sich nicht voraussagen. Sobald Ihre Katze unerwünschtes Interesse für Couch oder Sessel zeigt, geben Sie ihr einen scharfen Verweis und bringen sie zu ihrer Kratzmatte. Zeigen Sie ihr, wie sie dort ihre Pfoten gebrauchen kann. Vorsichtshalber sperren Sie die Katze in ein Zimmer, in dem sie nichts anstellen kann, wenn Sie die Wohnung verlassen müssen.

Auch Naschen ist eine Angewohnheit, gegen die kein Kraut gewachsen ist. Da hilft nur, die Katze nie allein mit Eßbarem im Zimmer zu lassen und besonders Fleisch und Fisch außer Reichweite im Kühlschrank aufzubewahren: die Versuchung ist zu groß.

Spielen Sie mit ihr

Wenn sie will, kann eine Katze stundenlang ganz still und ohne zu stören zwischen den Papieren auf dem Schreibtisch liegen und dem geistig arbeitenden Herrchen stumm Gesellschaft leisten. Genauso gern schaut sie in der Küche bei der Hausarbeit zu oder springt mit den Kindern durch die Wohnung. Geben Sie ihr eine große Papiertüte oder eine runde Kartoffel zum Spielen, und Sie haben eine kurzweilige Unterhaltung. Mit Vorliebe untersucht sie offenstehende Schränke. Sie müssen aufpassen, daß Sie nicht einmal aus Versehen die Türe schließen und die Katze einsperren.

Unermüdlich schnappt sie nach allem, was herunterhängt, einem Faden, einer Gardinenschnur, auch nach elektrischen Schnüren. Darum Vorsicht, daß sie nicht einmal das Bügeleisen oder den Wasserkocher herunterreißt. Kleine Tischtennisbälle, Gummimäuse und Garnrollen sind ungefährlicheres Spielzeug.

Unangenehm dagegen kann ein Wollknäuel werden. Es rollt weg, wenn sie es anstößt und zieht dann noch einen Faden hinter sich her, nach dem sie schnappen kann. Aber Vorsicht: Lassen Sie Ihre Katze nur nicht allein und unbeaufsichtigt mit dem Wollknäuel spielen. Sie könnte sich gefährlich in der abgerollten Wolle verheddern.

Das schönste Spielzeug ersetzt jedoch nicht den Menschen, den die Katze trotz all ihrer stolzen Unabhängigkeit braucht. Wenn sie sich auf dem Schoß ein Plätzchen zurechttrampelt, schnurrend um die Beine streicht und beim Kraulen unterm Kinn zufrieden knurrt, dann bedeutet das Zuneigung und höchstes Glück. Sie ist von Natur aus sehr zärtlich und möchte liebevoll behandelt werden. Dafür dankt sie mit großer Anhänglichkeit.

Das Futter für die Katze

Etwa acht Wochen lang werden die jungen Katzen von der Mutter gesäugt, von der fünften Woche an sollte man schon etwas zufüttern, damit sie sich langsam umgewöhnen. Geben Sie sechs Mahlzeiten am Tag, und zwar morgens warme Milch, der Sie anfangs etwas Kamillentee beimischen können, als zweites einen Grieß-, Haferflocken- oder Reisbrei, mit Milch gekocht, abwechselnd weiter Milch, Brei, Milch, Brei. Mischen Sie bald etwas gehacktes Fleisch und Gemüse wie Spinat, Möhren und Salat unter den Brei. Das Fleisch braucht nicht gekocht zu werden

(Vögel und Mäuse draußen sind es auch nicht), aber es muß absolut frisch sein. Katzen sind darin sehr penibel. Und wählerisch werden sie auch leicht, wenn man sie nicht von vornherein an eine abwechslungsreiche Kost gewöhnt. Mit großen Portionen kann man ihnen nicht imponieren, sie wissen sehr genau, was Qualität ist. Füttern Sie lieber zuwenig als zuviel. Reste werden auch bei der nächsten Mahlzeit nicht genommen. Was in einer angemessenen Zeit nicht gefressen ist, werfen Sie weg.

Mischen Sie den jungen Kätzchen täglich ein paar Tropfen Lebertran unter den Brei. Kräftigend ist es auch, gelegentlich ein Eigelb in die Milch zu rühren.

Von sechs Monaten an geben Sie nur noch drei Mahlzeiten. Mit einem Jahr ist das Kätzchen erwachsen und bekommt dann nur noch zwei Mahlzeiten, davon sollte die eine aus einem Milchbrei mit gekochtem Gemüse – doch keine Hülsenfrüchte –, die andere hauptsächlich aus gehacktem rohem Fleisch oder gekochtem Fisch, gestreckt mit etwas gekochtem Reis, Grieß, Maismehl oder Haferflocken bestehen. Auch ein bißchen Kartoffelbrei schadet nicht. Manche Katzen nehmen zur Abwechslung gern etwas Quark oder Hüttenkäse. Sie lieben Ölsardinen, Büchsenfleisch und Bückling. Das Fleisch sollte immer mager sein, denn Fett verträgt der Katzenmagen schlecht. Es kann Rind-, Pferde-, Kalb- oder Hammelfleisch, Hühner- oder Kaninchenfleisch sein, aber auch Innereien wie Leber, Nieren, Herz und Lunge. Fischgräten und Hühnerknochen muß man sorgfältig entfernen, sie können den Magen und Darm verletzen. Das Futter soll salzlos und schwach gewürzt sein. Sie können der Katze hin und wieder etwas von Ihrem Essen abgeben. Zu empfehlen ist Fertignahrung, die alle notwendigen Nährstoffe enthält und die mit frischer Kost ergänzt werden kann.

Katzenfutter darf auf keinen Fall direkt aus dem Kühlschrank kommen. Es soll wenigstens Zimmertemperatur haben, bekömmlicher ist es jedoch leicht angewärmt. Für die kleinen Kätzchen muß das Futter handwarm sein.

Kleine Kätzchen kleckern noch mit ihrem dünnen Brei herum, und große Katzen fischen sich gern einen Brocken aus der Schüssel und untersuchen ihn gründlich, bevor sie ihn fressen. Legen Sie einen großen Bogen Papier unter den Freßnapf. Dann brauchen Sie nicht nach jeder Mahlzeit den Boden aufzuwischen.

Gewöhnen Sie schon die kleinen Kätzchen an feste Futterzeiten. Die Hauptmahlzeit ist am zweckmäßigsten abends. Katzen verdauen langsam, sie haben dann in der Nacht genügend Zeit und Ruhe dazu. Außerdem lockt man sie mit einer guten Mahlzeit zur bestimmten Zeit leichter ins Haus, um sie über Nacht drinnen zu halten.

Wenn Nachwuchs kommt

Katzen sind mit sechs Monaten geschlechtsreif. Lassen Sie Ihre Katze dann nicht sterilisieren und hat sie freien Auslauf im Garten, so wird sie Sie sicher eines nahen Tages mit einem Wurf beglücken. Sie wird alle drei Wochen für sechs bis acht Tage läufig. In dieser Zeit ist sie unruhig und besonders liebebedürftig, reibt sich an Beinen und Möbeln, beginnt schließlich, sich auf dem Boden zu rollen (daher nennt man die Läufigkeit bei der Katze auch »Rolligkeit«) und nach dem Kater zu rufen. Wenn sie kann, entwischt sie und läßt sich mit dem erstbesten Kater ein, der ihr begegnet.

Eine Edelkatze sollte erst mit anderthalb Jahren gedeckt werden. Wenn Sie mit ihr züchten wollen, müssen

Sie besonders gut aufpassen, daß sie Ihnen nicht schon vorher einen Wurf Bastarde präsentiert.

Hauskatzen tragen knapp 60 Tage, Edelkatzen eine Woche länger. Ob Ihre Katze trächtig ist, merken Sie nach etwa vier Wochen daran, daß sie dicker wird. Kurz vor der Niederkunft können Sie auch beobachten, daß sich die Jungen im Leib bewegen. Geben Sie der trächtigen Katze kräftiges Futter – vor allem Fleisch –, das Sie auf mehrere Mahlzeiten verteilen, zum Schluß auch neben dem Trinkwasser regelmäßig Milch. Sie läßt sich nun nicht mehr gern anfassen.

Wenn Sie nicht wollen, daß die Katze vielleicht in Ihrem Kleiderschrank ihre Wochenstube einrichtet, dann müssen Sie ihr rechtzeitig ein geeignetes Lager bereiten. Es kann eine Kiste oder ein Karton sein, groß genug, daß die Mutter ausgestreckt und ihre drei bis sechs Kinder darin bequem liegen können. Unten hinein geben Sie eine Menge Papierschnitzel oder eine weiche Decke, darüber ein Stück Laken, das Sie nachher wegwerfen können. Wichtig ist, daß die Kiste einen Deckel hat oder in einer dunklen Ecke steht. Die Katze will ungestört sein, und sie will die empfindlichen Augen ihrer Kinder vor Licht schützen. Ist das im Wurfbett nicht möglich, dann wird sie ihre Jungen einzeln an einen geeigneteren Platz tragen.

Haben Sie sich für einen geschlossenen Karton entschieden, dann müssen drei Viertel einer der beiden Stirnseiten als Einschlupf offen bleiben. Eine Kiste ohne Deckel – aufgestellt in einer dunklen Ecke – muß so niedrig sein, daß die Mutter über den Rand sehen kann, damit sie beim Einsteigen nicht auf ihre Jungen tritt.

Normalerweise bringt die Katze ihre Jungen ohne fremde Hilfe zur Welt. Die bevorstehende Niederkunft kündigt sich durch eine starke Unruhe an. Wenn die Katze sich stundenlang quält, ohne daß ein Junges erscheint, dann deutet das auf ernsthafte Komplikationen, und der Tierarzt muß gerufen werden.

Die Jungen werden im Abstand von einer halben bis einer Stunde geboren. Achten Sie darauf, ob auch die Nachgeburt ausgestoßen wird. Die Mutter wird sie instinktiv auffressen, weil sie wichtige Aufbaustoffe enthält. Dann leckt sie sehr sorgfältig jedes einzelne Junge trocken.

Hochgezüchtete Edelkatzen werden mit der Geburt und den damit verbundenen Problemen nicht immer allein fertig. Sie können helfen, indem Sie die Nabelschnur etwa drei Zentimeter vor dem Jungen mit einer Schere durchtrennen, die Jungen mit einem weichen Frotteetuch massieren und die Nachgeburt entfernen. Sie sollten aber auch hier lieber den Tierarzt rufen, wenn Komplikationen auftreten.

Geben Sie der Mutter nun etwas Milch, rücken Sie ihr Futter und Katzenklo in die Nähe, weil sie sich nicht gern von den Kleinen entfernt, und lassen Sie sie erst einmal ein paar Stunden ruhen. Dann können Sie das schmutzige Laken gegen eine saubere Decke austauschen.

Die kleinen Kätzchen werden blind geboren, sie öffnen erst nach zehn Tagen die Augen. Die Milchquelle finden sie jedoch sofort und saugen fast unentwegt. Die Mutter hält selber die Jungen und das Lager sauber. Wenn sie nach vier Wochen festes Futter erhalten und mehr verdauen, bringt sie ihnen bei, das Sandkistchen zu benutzen. Sie ist den ganzen Tag vollauf mit der Pflege und Erziehung ihrer Kinder beschäftigt. Dabei kann sie recht streng mit ihnen umgehen. Ausreißer packt sie mit ihrem Maul am Nacken und trägt sie zurück.

Es geschieht zum Glück selten, daß eine Katzenmutter bei der Geburt stirbt. Kommt es jedoch einmal vor, dann ziehen Sie die Jungen mit Säuglingsnahrung groß. Geben Sie ihnen die zubereitete Milch in einer Puppenflasche oder mit einer Pipette aus der Arzneiflasche. Das größte Problem ist, daß Sie fast unentwegt und in den ersten Wochen auch nachts füttern müssen. Als Ersatz für das nimmermüde Lecken der Mutter reiben Sie die Kleinen häufig mit einem Frotteetüchlein ab, das reinigt das Fell und regt den Kreislauf an.

Wohin mit den kleinen Kätzchen?

Die Frage nach dem Wohin mit den kleinen unerwünschten Kätzchen ist oft das große Problem bei der Katzenhaltung. Nur in zwei Fällen stellt es sich nicht: Wenn Sie Ihre Katze ständig in Ihrer Wohnung halten und kein Kater ihr zu nahe kommen kann. Oder wenn ein Tierarzt Ihre Katze sterilisiert hat.

Haben Sie keine Kinder, ist das Problem auch noch verhältnismäßig leicht zu lösen. Sie können die neugeborenen Kätzchen vom Tierarzt oder im Tierheim töten lassen. Oder Sie töten die Tierchen selbst, wenn Sie es übers Herz bringen. Eine gute Methode, die Kleinen schmerzlos in den Katzenhimmel zu schicken: Sie nehmen ein sauberes Marmeladenglas und füllen es mit Äther. Dann tun Sie das Kätzchen hinein und halten die Öffnung mit einem Wattebausch zu. Es dauert nur Sekunden, dann regt sich das Kätzchen nicht mehr.

Wenn Ihre Kinder nicht erfahren sollten und auch nicht erfahren haben, daß Ihre Katze Junge bekommen wird, dann können Sie kurz vor dem Wurf die Katze zu einem Tierarzt oder ins Tierheim geben. Sie müssen Ihren Kindern dann nur verständlich machen können, daß die Katze sehr krank ist und Behandlung außerhalb der eigenen vier Wände braucht. Ihre Katze ist dann mindestens vier Wochen aus dem Haus, denn vorher hat sie nicht abgesäugt.

Eine andere Möglichkeit ist, daß Sie Ihre Kinder von dem Wurflager fernhalten. Ein Kätzchen muß die Katzenmutti ohnehin behalten, das sie liebevoll pflegen und erziehen kann. Sonst würde sie seelisch und körperlich verkümmern. Mit diesem einen Kätzchen überraschen Sie Ihre Kinder. Die übrigen Neugeborenen müßten Sie aber rechtzeitig beiseitegeschafft haben, sonst ist das Wehklagen bei Ihren Kindern riesengroß. Ganz und gar problemlos ist es, wenn Sie genug Bekannte haben, die Ihnen die kleinen Kätzchen mit Freuden abnehmen.

Falls Ihre Bekannten, die Ihnen ein junges Kätzchen abnehmen wollen, ausdrücklich einen Kater wünschen, sollten Sie wissen, wie man bei Katzen das Geschlecht bestimmen kann. Heben Sie das Schwänzchen hoch, dann sehen Sie beim männlichen Kätzchen eine kleine Öffnung als runden Punkt, beim weiblichen Tier unter dem Punkt noch einen kleinen Strich wie bei einem umgekehrten Ausrufungszeichen (¡).

Die häufigsten Krankheiten

Wenn Ihr Kätzchen zwei Monate alt ist, sollten Sie es gegen die Katzenseuche impfen lassen. Es ist eine infektiöse Darmerkrankung, die sich in anhaltendem Durchfall und Erbrechen, hohem Fieber und allgemeiner Lethargie äußert und häufig zum Tode führt. Die Krankheit ist sehr ansteckend für andere Katzen, darum müssen Sie das Lager anschließend gut desinfizieren, besser noch vernichten. Krankheitssymptome wie Durchfall, Erbrechen und

Fieber sind immer ernst zu nehmen, wenn sie mehrere Tage anhalten.

Die Katzenstaupe ist eine ansteckende Lungenentzündung, die alle Anzeichen einer starken Erkältung hat: Husten, Schnupfen, Katarrh. Eine leichte Erkältung dieser Art kann man manchmal mit viel Wärme kurieren, kommt aber Fieber hinzu, muß man unbedingt den Tierarzt konsultieren.

Fiebermessen ist bei der Katze ziemlich schwierig. Es wird wie beim Hund rektal gemessen, mit einem in Vaseline getauchten Thermometer. Schafft man es nicht, ohne dem Tier weh zu tun, dann wird man trotzdem auf das Fieber aufmerksam, denn das Tier hat eine heiße Nase und fühlt sich wärmer an als gewöhnlich. Die normale Körpertemperatur beträgt zwischen 38 und 38,5 Grad.

Ansteckend für Menschen ist die Katzenräude, eine Hautkrankheit, die vom Tierarzt behandelt werden muß. Um die Ansteckungsgefahr zu bannen, müssen alle Gegenstände, mit denen die Katze in Berührung gekommen ist, anschließend desinfiziert werden.

Kratzt die Katze sich auffallend viel am Kopf, dann leidet sie vielleicht unter Ohrenräude, die nur der Tierarzt heilen kann. Dunkelbraune Absonderungen im Ohr deuten auf diese Krankheit hin.

Die Ursache von Durchfall ist manchmal zuviel Milch oder rohe Leber. Oft genügt es, die Milch vom Speiseplan abzusetzen und nur wenig Wasser, vermischt mit Kakao oder Kaolin zu geben. Füttern Sie rohes Rindfleisch, Herz oder Nieren. Bei Verstopfung hilft es, der Katze Ölsardinen mitsamt dem Öl zu geben oder auch etwas Paraffinöl oder flüssiges Knochenmark. Gekochtes Obst, das manche Katzen ganz gern mögen, hat auch die gewünschte Wirkung.

Blasenkrankheiten treten vor allem bei älteren Katzen häufig auf. Wärme und viel Wasser zum Trinken helfen bei einer einfachen Erkältung. Hat die Katze Schwierigkeiten beim Wasserlassen, dann können auch Blasensteine oder ein anderes schwerwiegenderes Problem die Ursache sein. Es besteht die Gefahr einer Harnvergiftung. Ziehen Sie sofort den Tierarzt zu Rate.

Auch bei Katzen ist hin und wieder eine Wurmkur erforderlich, die der Tierarzt verordnen sollte. Wenn Ihre Katze ohne andere Krankheitsanzeichen abmagert und ihr Fell stumpf aussieht, dann liegt der Verdacht nahe, daß sie Würmer hat.

Trotz ihrer sorgfältigen Körperpflege wird die Katze nicht selten von Flöhen geplagt. Sie kratzt sich und beißt danach, jedoch ohne Erfolg. Zur Bekämpfung dürfen Sie nicht jedes Insektenvertilgungsmittel nehmen, zum Beispiel kein DDT-Puder, da sie sofort alles ableckt. Fragen Sie in der Tierhandlung oder der Drogerie nach einem für Katzen garantiert unschädlichen Mittel. Notfalls müssen Sie sie nach dem Einsprühen bis an den Hals in einen kleinen Sack stecken, damit das Mittel wenigstens einige Zeit einwirken kann.

Ihre Katze kann auch hin und wieder unter Hautekzemen leiden. So begrüßenswert die Reinlichkeit der Katze ist – das häufige Lecken hat leider den Nachteil, daß sich dadurch diese Ekzeme schnell ausbreiten und schlecht heilen. Eine Ursache für Hautekzeme kann falsche Ernährung sein. Geben Sie Ihrer Katze bei dieser Erkrankung etwas Hefe ins Futter. Auch Vitamine können helfen, Ekzeme und damit verbundenen Haarausfall zu bekämpfen.

Fische

Haustiere, die niemals stören

Es gibt verschiedene gute Gründe dafür, sich als Haustiere Fische zu halten. Einer ist, daß Fische verhältnismäßig wenig Arbeit machen, wenn das Aquarium einmal eingerichtet ist. Ihr grünes Haus muß nicht täglich gereinigt werden, wie das bei manchen Käfigen notwendig ist. Wochenendausflüge kann man ohne Gewissensbisse unternehmen, denn Fische kommen gut zwei Tage ohne Futter aus. Es ist ihnen auch gleichgültig, ob man sich mit ihnen beschäftigt. Sie leben unbeeindruckt von der Außenwelt – sofern diese nicht störend in ihr Leben eingreift, was sich bei einiger Kenntnis ihrer Lebensweise leicht vermeiden läßt. Wünschen Sie aber Unterhaltung, dann brauchen Sie sich nur vor das Aquarium zu setzen und zuzuschauen. In der Rolle des stillen und geduldigen Beobachters nehmen Sie Anteil an einem Tierleben, das nur in großer Unkenntnis als langweilig und stumpfsinnig bezeichnet werden kann. Es ist hochinteressant, das sehr unterschiedliche Verhalten der einzelnen Fischarten zu studieren. Ihre Schönheit bereitet uneingeschränktes ästhetisches Vergnügen. Das Grün der Wasserpflanzen, die anmutigen Bewegungen der Fische, die Stille dieser Unterwasserwelt wirken beruhigend auf strapazierte Nerven. Selbst kleinere Kinder haben Freude an Farben und Formen der Fische, größere helfen bestimmt gern bei der Einrichtung und Pflege des Aquariums. Ein großer Vorteil der Fischehaltung ist auch, daß man sie sowohl aufwendig als auch ganz bescheiden betreiben kann: in beiden Fällen wird man viel Freude haben.

Mehr ihrer Schönheit als einem Nutzeffekt haben es die Fische wohl zu verdanken, daß sie seit Jahrtausenden als Haustiere gehalten werden. Der Goldfisch des chinesischen Kaisers Ting Wang, der im 8. Jahrhundert v. Chr. lebte, mag noch einer Sage entstammen. Sicher ist, daß schon die Römer Zierfische hielten und die Chinesen sich vor tausend Jahren mit sehr viel Liebe der Fischzucht widmeten. Wahrscheinlich im 17. Jahrhundert kamen die ersten exotischen Fische nach Europa, zunächst als kostbare Schmuckstücke für reiche Adelshäuser. Es dauerte zwei Jahrhunderte, bis sie auch in einfachen Bürgerstuben heimisch waren. Heute haben sie die einheimischen Kaltwasserfische fast verdrängt, weil sie farbenprächtiger und zudem leichter zu halten sind.

Wie groß muß ein Aquarium sein?

Aquarien werden in einer solch verwirrenden Vielfalt von Größen angeboten, daß der Anfänger unter den Aquarianern sich nicht zurechtfindet. Soll er mit einem Goldfischglas beginnen, einen mittelgroßen oder lieber gleich einen großen Tank kaufen? Hier finden Sie einige Anhaltspunkte:

1. Das herkömmliche dicke, runde Goldfischglas, das oben nur eine kleine Öffnung hat, ist als Fischbehälter absolut ungeeignet, da das Wasser sich viel zu wenig mit Sauerstoff anreichern kann. Es ist ein Wunder, daß die Goldfische jahrhundertelang diese falsche Behandlung überlebt haben.

2. Als Faustregel mag gelten, daß ein Aquarium zehnmal so lang sein sollte wie der längste ausgewachsene

Fisch, den man darin unterbringt. Man sollte sich also vorher überlegen, mit welchen Fischen man sein Aquarium bestücken will. Normale Becken sind etwa 30 cm hoch, für hochrückige Fische benötigt man 40 bis 50 cm Höhe.

3. Eine weitere Faustregel ist, daß man pro fünf Liter Wasser einen Fisch von etwa 5 cm Länge einsetzen kann. Das trifft jedoch nur für ein gut belüftetes Aquarium zu. Da man Sauerstoffgehalt und -bedarf nicht genau errechnen kann, sollte man immer lieber ein größeres als ein zu kleines Becken nehmen. Schwimmen die Fische an die Oberfläche und schnappen dauernd nach Luft – was ungesund für sie ist –, so ist das ein sicheres Zeichen, daß sie an Sauerstoffmangel leiden. Es gibt zwei Möglichkeiten: die Belüftung zu verbessern oder, wo das nicht möglich ist, die Zahl der Aquariumbewohner zu reduzieren.

Das Aquarium braucht einen festen Platz. Es bekommt weder den Fischen noch den Pflanzen, wenn es verrückt wird. Mit Wasser gefüllt ist es auch so schwer, daß man es kaum bewegen kann. Als Untergestell eignet sich ein stabiler Tisch. Ein künstlich beleuchtetes Aquarium kann man in einen Schrank einbauen. Dabei muß beachtet werden, daß genügend Platz zum Hantieren bei der Fütterung und Reinigung des Beckens bleibt und daß kein Luftstau entsteht. Es ist vorteilhaft, auch die für Aquariumspflege notwendigen Geräte griffbereit in der Nähe zu haben.

Eine Frage ist noch zu klären: Vollglas- oder Gestellaquarium. Das Vollglasaquarium ist billiger, es hat jedoch den Nachteil, daß das Glas manchmal uneben ist, die Fische also leicht verzerrt aussehen können. Steht das gefüllt Becken nicht ganz eben, dann können Spannungen entstehen, die das Glas springen lassen. Beim Gestellaquarium aus einem Metallrahmen mit eingesetzten Glasscheiben kann das nicht passieren. Trotzdem kann man als Anfänger, der noch nie mit Fischen zu tun hatte, getrost mit einem Vollglasaquarium beginnen. Findet man Spaß daran, dann schafft man nach einiger Zeit zusätzlich ein Gestellaquarium an. Für das Glasbecken findet man immer Verwendung: als Isolierstation für kranke Fische, als Kinderstube, damit die junge Brut nicht aufgefressen wird, als Ausweichquartier beim Reinigen des Aquariums oder, falls die Begeisterung für Fische nicht vorhielt, als vielseitig brauchbares Haushaltsgefäß.

Wasserpflanzen nicht nur zur Zier

Ob Sie nun ein kleines oder ein großes Aquarium angeschafft haben – bevor Sie es mit Fischen bestücken können, ist noch einiges zu tun. Zuerst müssen Sie es bepflanzen. Wasserpflanzen sind nicht nur eine hübsche Dekoration, sie erfüllen eine für die Fische lebenswichtige Aufgabe: sie schaffen im Wasser ein »biologisches Gleichgewicht«.

Fische sind Kiematmer und brauchen wie alle Tiere Sauerstoff zum Leben. Dieser wird in den grünen Teilen der Pflanze unter Einwirkung von Licht hergestellt. Deshalb muß das Aquarium gut beleuchtet sein. Um aber Sauerstoff zu produzieren, benötigt die Pflanze Kohlendioxyd und Nährstoffe. Kohlendioxyd wird von den Fischen »ausgeatmet«. Bakterien zersetzen die Ausscheidungen der Fische sowie die abgestorbenen Tier- und Pflanzenteile und wandeln sie wieder in Nährstoffe für die Pflanze um. Dies ist – ganz vereinfacht – der immerwährende Kreislauf im Wasser, bei dem Pflanzen und Tiere aufeinander angewiesen sind.

Die Pflanzen brauchen zum Wachsen einen Bodengrund aus etwa drei Viertel Sand und einem Viertel Kies. Es ist am besten, groben Sand und Flußkies in der Zoohandlung zu kaufen. Dann sind Sie sicher, daß Sie keinen kalkhaltigen Bodenbelag verwenden, der das Wasser unerwünscht hart macht. Reinigen Sie Sand und Kies trotzdem noch einmal gut, bevor sie beides ins Aquarium füllen, am besten in einem Eimer unter dem laufenden Wasserhahn, und spülen Sie so lange, bis das Wasser klar bleibt.

Auch bei Steinen, die Sie als Dekoration und als Versteck für die Fische auf den Boden legen, müssen Sie darauf achten, daß sie nicht kalkhaltig sind. Sie können das prüfen, indem Sie einen Tropfen Salzsäure mit einer Pipette auf den Stein träufeln. Schäumt sie auf wie Brausepulver, dann ist der Stein ungeeignet fürs Aquarium. Zu vermeiden sind auch spitze Steine, an denen die Fische sich verletzen können. Schichten Sie das Sandgemisch so auf den Boden, daß es hinten etwas höher ist als vorn, von drei auf etwa acht Zentimeter ansteigend. Nun setzen Sie die Pflanzen ein, zu lange Wurzeln schneiden Sie vorher ein Stück ab: hohe Pflanzen nach hinten und in die äußeren Ecken, kurze in die Mitte und in die vorderen Ecken. Dünne, hochstrebende Pflanzen setzen Sie in Gruppen. Achten Sie darauf, daß Sie sich nicht die Sicht verbauen und berücksichtigen Sie, daß die Pflanzen oft recht üppig wachsen. Vor allem müssen die Fische wenigstens an einer Stelle ungehindert durch das Becken schießen können, am besten vorn, damit sie gut zu beobachten sind.

Sie brauchen keine Angst zu haben, daß die Pflanzen in dem nährstoffarmen Sand keine Nahrung finden. Wasser und Licht sind die Quellen, aus denen die Pflanzen ihre Lebenskraft schöpfen, auch wenn keine Fische im Becken sind. Es ist nicht zu empfehlen, Pflanzenerde im Aquarium zu verwenden, denn sie wird leicht sauer. Um großen Pflanzen Halt zu geben, können Sie sie einzeln in Töpfe pflanzen, die Sie auf den Boden setzen und mit Sand und Kies bedecken.

Pflanzen und Fische sind aufeinander angewiesen. Die Pflanzen scheiden den Sauerstoff aus, den die Fische zum Atmen brauchen. Steine im Aquarium dienen der Befestigung des Bodengrunds und der Pflanzen. Der rechteckige Stein vorn rechts ist nicht nur Dekoration. Für die Fische ist er auch Versteck. Die Löcher benutzen sie zum Durchschlüpfen.

Welche Pflanzen?

Wollen Sie ein Kaltwasser- oder ein Warmwasseraquarium einrichten? Das müssen Sie zuerst wissen. Den Pflanzen ergeht es ähnlich wie den Fischen: Sie brauchen unterschiedliche Temperaturen. Hahnenfuß, Hornkraut, Indisches Schaumkraut, Pfennigskraut, Pillenkraut, Quellenmoos und Wasserpest sind für kaltes bis mäßig warmes Wasser geeignet. Haarnixen, Schwertpflanzen, Seekanne, Sumpffreund, Trugkölbchen, Wasserähren, Wasserfarne, Wasserfreund und Wasserkelche gedeihen in warmem Wasser. Die Sumpfschraube verträgt alle Wassertemperaturen, auch Tausendblatt, Ludwigis und Pfeilkraut wachsen in fast jedem Becken. Solche Pflanzen sind vorteilhaft, wenn man Kalt- und Warmwasseraquarien hält. Man kann dann die Ableger aus dem einen Becken in das andere umsetzen. Besonders krasse Temperaturschwankungen muß man allerdings auch bei diesen Pflanzen vermeiden. Am besten setzt man sie für einige Tage in einen separaten Tank und reduziert oder steigert die Temperatur allmählich.

Wenn Sie lebendgebärende Fische halten, zum Beispiel Guppys oder Mollys, dann sollten Sie auch ein paar Schwimmpflanzen in das Aquarium setzen. Sie bieten der Brut Schutz und gleichzeitig Nahrung in Form von Algen und Kleinsttierchen. Allerdings darf man Schwimmpflanzen nicht so üppig wachsen lassen, daß sie die Wasseroberfläche bedecken und das Licht blockieren.

Geeignete Schwimmpflanzen sind Lebermoos, Moosfarn, Wasserhornfarn oder Wasserhyazinthen.

Bevor Sie Ihr Aquarium bepflanzen, schauen Sie sich in den Aquarien einer Tierhandlung einmal die ausgewachsenen Pflanzen an. Dann sehen Sie, wie hoch, wie dicht und wie groß die Blätter sind und welche Arten am besten in Ihr eigenes Aquarium passen. Kaufen Sie aber junge Pflanzen, denn sie wachsen schnell, und es wird nicht lange dauern, bis Sie Ihren Unterwasserwald lichten müssen. An hochschießenden Pflanzen knipsen Sie die oberen Triebe ab, in die Breite wuchernde Pflanzen halten Sie in Grenzen, indem Sie die seitlichen Triebe vorsichtig abtrennen und mit der Wurzel ausheben.

Soweit ist es aber noch nicht. Wenn alle – vorher sauber abgespülten – Pflanzen ihren Platz im Aquarium haben, füllen Sie vorsichtig das Wasser ein. Setzen Sie zuerst eine Untertasse auf den Sand und lassen Sie das Wasser langsam aus einem Schlauch direkt über dem Teller einlaufen. So verhindern Sie, daß der Sand fortgespült wird und die Dekoration verrutscht. Sie können aber auch das Becken halb mit Wasser füllen, bevor Sie die Pflanzen einsetzen. Probieren Sie aus, was für Sie am leichtesten ist.

Sie können den Tank mit gewöhnlichem Leitungswasser füllen. Ist es jedoch sehr kalkhaltig (Sie können es feststellen an geringer Schaumbildung der Seife, häßlichen Wasserflecken an Gläsern und Besteck), dann nehmen Sie besser einen Teil gefiltertes Regenwasser oder destilliertes Wasser dazu.

Haben Sie einen Kühlschrank, haben Sie auch automatisch weiches Wasser: Sie brauchen nur das Abtauwasser aufzufangen. Sammeln Sie es in Flaschen, dann haben Sie immer etwas zum Nachgießen, wenn Wasser im Becken verdunstet ist oder Sie einen Teil des Wassers mit dem Bodenschlamm absaugen. Auch Abkochen macht das Wasser weicher.

Chlor im Leitungswasser muß Sie nicht beunruhigen. Bevor Sie die Fische einsetzen, soll das Becken, fix und fertig beleuchtet und eventuell beheizt, zwei Wochen unbewohnt stehen, damit die Pflanzen Wurzel fassen können. Bei dieser Gelegenheit wird auch das Chlor abgebaut. Wenn Sie Leitungswasser zum Nachgießen vorher einige Stunden stehen lassen, verflüchtet es ebenfalls. In jedem Fall muß das zugegossene Wasser die gleiche Temperatur haben wie das im Aquarium.

Fische und Pflanzen brauchen Licht

Sobald die Pflanzen eingesetzt sind und noch bevor das Becken mit Wasser gefüllt ist (zum Tragen wird es dann sehr schwer), geben Sie ihm seinen festen Platz. Es steht am besten in der Nähe des Fensters, wo es Licht bekommt, aber möglichst keine pralle Sonne. Plötzliche Hitzeeinwirkung verträgt kein Fisch. Stellen Sie das Becken so auf, daß das Licht möglichst von oben kommt; es entspricht mehr dem natürlichen Lebensraum von Fischen und Pflanzen. Das Becken muß also tiefer als das Fenster stehen.

Einfacher und zuverlässiger ist es jedoch, das Aquarium zu beleuchten. Dann können Sie es aufstellen, wo Sie wollen. Sie können das Licht von oben einfallen lassen, wie es richtig ist, und Sie können es regulieren, indem Sie stärkere oder schwächere Leuchtkörper einsetzen. Eine Beleuchtungsanlage muß nicht viel kosten, der Stromverbrauch ist gering, Pflanzen und Fische gedeihen jedoch viel besser.

Außerdem gibt es für Aquarien Dämmerschalter, die die Beleuchtung automatisch steuern. Wenn Sie zusätzlich einen Futterautomaten anschaffen und das Aquarium gut beheizt und belüftet ist, können Sie getrost für mehrere Tage verreisen.

Zunächst einmal müssen Sie das Aquarium mit einer Glasscheibe abdecken. Sie verhindert, daß Staub hineinfällt und daß die Fische herausspringen – das kommt bei einigen Arten manchmal vor. Die Platte darf aber nicht fest aufsitzen, sonst würde ja die lebenswichtige Luftzirkulation über dem Wasser verhindert. Kleben Sie kleine Gummipfropfen unter die Scheibe, so daß sie etwa 2 cm absteht. Auf der Platte befestigen Sie nun mit der entsprechenden Fassung zwei Glühbirnen oder besser noch eine durchgehende Leuchtröhre, die gleichmäßiges Licht verbreitet. Sie ist in der Anschaffung zwar teurer, im Verbrauch jedoch billiger. Bringen Sie sie über der vorderen Hälfte des Beckens an, die Sie schwächer bepflanzt haben, damit die Fische, die vorwiegend dort schwimmen, schön angestrahlt werden. Leuchtstoffröhren, die in einer Rinne liegen und nur nach unten strahlen, gibt es in der Tierhandlung in verschiedenen Größen zu kaufen. Wenn Sie gern basteln, können Sie dem Aquarium auch einen flachen Holzkasten in den gleichen Maßen aufsetzen und darin Leuchtstoffröhren unterbringen.

Wie stark das Licht sein muß, läßt sich nicht genau sagen. Eine 25-Watt-Röhre sollte für ein kleines bis mittleres Becken ausreichen. Es ist besser, zuviel als zu wenig Licht zu geben. Ein guter Maßstab sind die Algen, die sich an den Seitenwänden absetzen: sehen sie frisch und grün aus, dann bekommen sie genügend Licht; braune Blätter sind ein Zeichen von Lichtmangel. Achten Sie aber, besonders bei Kaltwasserbecken, darauf, daß die Beleuchtung nicht zusätzlich mitheizt.

Es genügt, wenn das Licht 12 bis 14 Stunden am Tag brennt. So entspricht es in etwa den natürlichen Lebensbedingungen der Fische.

Bekommen Ihre Fische genügend Luft?

Das ideale biologische Gleichgewicht, bei dem die Fische auf dem Umweg über die Pflanzen ausreichend mit Sauerstoff versorgt werden, ist im Aquarium kaum herzustellen. Das Becken müßte sehr groß sein oder es müßten so viele Pflanzen darin wachsen, daß den Tieren nicht genügend Bewegungsmöglichkeit bleibt. Zum Glück bietet die Technik eine Lösung des Problems an: die Durchlüftung. Mit Hilfe einer Pumpe wird die Frischluft durch einen Schlauch zu einem Ausströmer auf dem Boden des Beckens geleitet. Die Luft wird von unten durch das Wasser geblasen. Dabei wird zwar nur wenig Sauerstoff direkt aus den Luftbläschen aufgenommen, denn dafür steigen sie zu schnell. Das Wasser wird jedoch in Bewegung gehalten und absorbiert so den Sauerstoff aus der Luft.

Eine einfache Membranpumpe, die man in der Tierhandlung kauft, genügt für ein einzelnes Becken. Achten Sie darauf, daß sie leise läuft, damit Ihre Nerven nicht mehr strapaziert werden, als die Fische gutmachen können. Die Pumpe muß mindestens zehn Zentimeter höher als der Wasserspiegel angebracht sein, damit bei einem plötzlichen Stromausfall das Wasser nicht zurücklaufen und die Pumpe beschädigen kann.

In einem natürlichen Gewässer sorgen die Pflanzen mit ihrem genialen Stoffwechsel für Sauberkeit. Im kleinen Aquariumbecken schaffen sie das nicht. Es steht pro Fisch und Pflanze einfach zu wenig Wasser zur Verfügung, und man muß deshalb nachhelfen. Das kann man auf verschiedene Art: Man saugt immer, wenn es nötig erscheint, den Mulm vom Boden ab, der aus den Futterresten und den nicht bewältigten Ausscheidungen der Fische besteht. Bei einem dicht besetzten Aquarium kann es jede Woche erforderlich sein. Alle vier bis sechs Wochen, bestimmt aber, wenn es trübe wird, wechselt man das Wasser. Entweder man saugt vorsichtig einen Teil ab und füllt ebenso vorsichtig abgestandenes Leitungswasser oder Regenwasser auf, oder man wechselt das ganze Wasser, nachdem man die Fische vorher in ein Reservebecken gesetzt hat. Achten sie aber auf gleichmäßige Wassertemperatur von Haupt- und Reservebecken. Bei einer solchen Gelegenheit sollte man auch gleich die notwendigen »Gartenarbeiten« erledigen: ausdünnen, beschneiden, umpflanzen.

Die bequemste und zugleich zuverlässigste Art, das Wasser sauber zu halten, ist Filtern. Es gibt Filter in den verschiedensten Ausführungen mit unterschiedlichem Leistungsvolumen zu kaufen. Wer nicht nur zwei oder drei Fischchen halten will, sondern sein Aquarium mit einer bunten Auswahl schwimmender Haustiere bevölkert, kommt auf die Dauer an einer solchen Anschaffung kaum vorbei.

Sie können sich einen Außen- oder Innenfilter anschaffen; beide erfüllen ihren Zweck gleich gut. Welchen Typ Sie wählen, hängt davon ab, wo Sie am meisten Platz haben: im Becken selbst oder an seiner Außenseite. Ein Filter erspart Ihnen zwar ein häufiges Erneuern des Wassers; die Filtermasse aus Kies, Aktivkohle, muß jedoch regelmäßig gereinigt oder ausgewechselt werden.

Kalt- oder Warmwasseraquarium?

Ein Kaltwasseraquarium ist billiger, weil Sie es nicht heizen müssen. Allerdings ist es leichter, das Wasser im Winter zu erwärmen, als es im Sommer kühl genug zu halten.

Warmes Wasser absorbiert weniger Sauerstoff als kaltes. An heißen Sommertagen, wenn die Temperatur auch im Becken steigt, leiden die Kaltwasserfische leicht unter Sauerstoffmangel. Sie benötigen eine Temperatur zwischen etwa 10 und 18 Grad, exotische Kaltwasserfische etwa 15 bis 20 Grad. Warmwasserfische brauchen 23 bis 30 Grad Wärme. Eine gute Durchschnittstemperatur, bei der Sie fast alle Warmwasserfische halten können, ist um 25 Grad.

Wenn Sie Nachwuchs im Warmwasseraquarium haben, stellen Sie die Temperatur 3 bis 5 Grad höher ein als sonst. Jungfische brauchen mehr Wärme, und ausgewachsenen Fischen schadet die leichte Temperaturerhöhung nicht.

Wenn Sie nicht die Möglichkeit haben, ein Kaltwasserbecken im Sommer in einem kühlen, im Winter nur mäßig geheizten Raum aufzustellen (das wird kaum der Wohnraum sein; ein Aquarium in einem wenig genutzten Raum ist jedoch ziemlich witzlos), dann sollten Sie lieber noch etwas Geld für eine Heizung zulegen und das problemlosere Warmwasserbecken vorziehen. Dafür benötigen Sie einen elektrischen Heizer und einen Temperaturregler. Beide Geräte hängen Sie an gegenüberliegenden Seiten an die Beckenwand. Es gibt auch kombinierte Heizregler. Bei ihnen empfiehlt es sich, in größerer Entfernung vom Gerät mit Hilfe eines Thermometers die tatsächliche Temperatur des Wassers zu kontrollieren.

Die Anschaffung eines Universalgerätes, das gleichzeitig filtert, durchlüftet und heizt, lohnt sich erst, wenn man die Fischzucht sehr ernsthaft und in größerem Umfang betreibt. Für den Anfänger genügen die einzelnen Geräte – oder auch gar keine.

Tatsächlich kann man bei problemlosen Fischen ganz

ohne technische Hilfsmittel auskommen, wenn man

- ein möglichst großes Aquarium mit sehr vielen Pflanzen und nur wenigen Fischen bestückt;
- einen geeigneten Stellplatz findet, an dem viel Licht von oben einfällt;
- im Sommer wie im Winter eine ziemlich gleichmäßige Zimmertemperatur halten kann;
- das Becken sauber hält und das Wasser häufiger erneuert.

Bei der laufenden Reinigung helfen Wasserschnecken wie die Malaiische Turmdeckelschnecke und die Posthornschnecke oder auch Welse und kleine Grundfische. Sie fressen die Algen von den Scheiben und den Pflanzen, lockern den Boden und vertilgen einen Teil der Futterreste und Ausscheidungen. Ein paar Schnecken sollten in keinem Aquarium fehlen. Zu viele würden allerdings den Bestand an Wasserpflanzen dezimieren. Sie müssen die richtige Anzahl herausfinden.

Geräte zur Aquariumpflege

Alle Arbeit nehmen Ihnen die Schnecken leider nicht ab, und so brauchen Sie noch ein paar kleine Geräte. Zunächst einen Scheibenreiniger. Besser als ein Schaber aus Plastik reinigt eine Rasierklinge, die in einer Halterung am Ende eines Stabes sitzt. Mit ihr kratzen Sie die Algen von den Scheiben. Diese winzigen grünen Pflanzen, die sich besonders durch Licht entwickeln, sind zwar gute Sauerstoffspender, sie behindern jedoch die Sicht.

Zum Absaugen des Mulms können Sie sich einen Saugheber aus der Tierhandlung besorgen oder auch einen einfachen Gummi- oder Plastikschlauch verwenden. Füllen

Sie den Schlauch mit Wasser und verschließen Sie beide Enden fest mit zwei Fingern. Das eine Ende tauchen Sie nun ins Becken, das andere halten Sie so über die Kante, daß es tiefer als das Wasser im Becken reicht. Nehmen Sie zuerst den Finger von dem Schlauchende im Wasser, dann von dem anderen Ende. Führen Sie nun mit einer Hand den Schlauch über den Mulm, damit er mit dem Wasser abfließt. Die gleiche Methode wenden Sie auch an, wenn Sie das Wasser wechseln wollen.

Um die Fische von einem Tank in einen anderen zu befördern, benötigen Sie ein Fangnetz oder eine Fangglocke; beides ist geeignet. Weil die Fische leicht in die Ecken ausreißen, sollten Sie ein rechteckiges Netz nehmen. Besser sind zwei Netze, damit Sie mit dem einen die Fische in das andere treiben können. Herausgesprungene Fische schieben Sie mit nassen Händen vorsichtig in das ebenfalls nasse Netz zurück. Mit trockenen Händen könnten Sie die Schuppen beschädigen.

Nun benötigen Sie noch einen Futterring mit einem perforierten Einsatz für Wurmfutter. Die Würmer zwängen sich durch die Löcher und werden einzeln verspeist, während sie, auf einmal ins Wasser gegeben und nicht gleich geschnappt, im Bodengrund verschwinden.

Das richtige Futter

Obgleich Fische in der Hauptsache Lebendfutter brauchen, ist ihre Ernährung heute kein Problem mehr. Zoohandlungen bieten Lebendfutter in ausreichender Auswahl an, um auch ohne zeitraubende – in Städten gar nicht mögliche – Jagd auf Würmer und Wasserflöhe den Fischen eine abwechslungsreiche Speisekarte bieten zu können. Denn abwechslungsreich muß das Futter sein. Beliebt sind Wasserflöhe, die man noch am ehesten »auf Vorrat« füttern kann: Wenn sie nicht alle gleich gefressen werden, flitzen sie im Wasser umher, bis die Fische wieder Appetit haben. Mückenlarven, Enchyträen und Insekten aller Art sind geeignetes Fischfutter. Besonders gern fressen sie Bachröhrenwürmer (Tubifex). Sie halten sich lange, wenn man sie in einer Schüssel unter einen tropfenden Wasserhahn stellt. Da sie aber häufig Krankheitskeime einschleppen, sollten sie nur mäßig verfüttert werden.

Bei der Auswahl des Futters müssen Sie an die Größe Ihrer Fische denken. Die Happen müssen »maulgerecht« sein, also kleine Würmer und Flöhe für kleine Fische, größere Insekten und zerkleinerte Enchyträen und Regenwürmer nur für die größeren Fische.

Gewöhnen Sie Ihre Fische an bestimmte Futterzeiten: zweimal täglich, morgens und abends. Zwar sind die Fische in freien Gewässern eigentlich immer auf Futtersuche, was aber nicht bedeutet, daß Fische im Aquarium ständig gefüttert werden müssen. Sie können den Fischen abwechselnd Lebend- und Trockenfutter geben.

Das Füttern mit vorbereitetem Futter, das nur abgemessen werden muß, kann man schon 6–8jährigen Kindern übertragen. Natürlich muß man es noch überwachen. Auch bei der Reinigung und Pflege des Aquariums können Kinder schon früh helfen. Für die einfach zu haltenden »Anfängerfische« können Zehnjährige voll verantwortlich sorgen, wenn sie gewissenhaft sind und ihre Pflichten ernst nehmen.

Fühlen die Fische sich wohl in Ihrem Aquarium, dann werden sie sicher auch brüten. Sie sollten sich rechtzeitig informieren, wie Sie die Jungfische ernähren müssen. Normales Futter können sie in den ersten Wochen noch nicht aufnehmen. Sie benötigen Infusoriennahrung, mikroskopisch kleine Futtertierchen, die man in einer Kultur frisch züchten muß, da man sie in dieser Form nicht bekommt. Kaufen kann man jedoch ein Trockenprodukt, das man mit Wasser ansetzt. Nach einigen Tagen entwikkeln sich daraus Kleinsttierchen. Sie vermehren sich schnell, sterben aber auch schnell ab, wenn die Kultur zu dicht wird.

Man kann auch selber eine Kultur beginnen. Dazu brüht man eine kleine Menge gehacktes Heu oder Stroh, grünes Gemüse oder Salat mit einem Liter Wasser ab und impft die erkaltete Mischung mit etwas Tümpelwasser.

Nachdem man knapp eine Woche nur Infusorien gefüttert hat, kann man den kleinen Fischen dann schon anderes Lebendfutter, zuerst fein zerdrückt, geben. Zum Beispiel kann man Salzkrebschen für Jungfische selber züchten. Man kauft die Eier und legt sie in eine starke Kochsalzlösung. Man muß allerdings für eine ausreichende Belüftung durch eine Filterpumpe sorgen.

Daneben erhalten sie Trockenfutter, das es für die Jungfische als Staubfutter gibt. Man kann es fertig kaufen. Es kann das Lebendfutter nicht ersetzen, ist aber ebenfalls wichtig, da es in richtiger Mischung die notwendigen Kohlehydrate, Vitamine und pflanzlichen Fette enthält.

Fische sollen nie mehr Futter bekommen, als sie auf einmal und mit Lust auffressen. Nicht verzehrtes Futter verfault und verschmutzt nur den Boden. Füttern Sie nicht weiter, wenn die Tiere das Futter nicht beachten, und lassen Sie eine Mahlzeit ausfallen. Aquariumfische leiden – und sterben – viel häufiger an Verfettung als an Krankheiten. Zwei Tage ohne Futter, wenn man verreist, oder gelegentlich ein Fastentag bekommen ihnen ganz gut. Sie ernähren sich dann von Algen.

Bei Jungfischen allerdings sind Fastenkuren nicht angebracht. Sie dürfen noch soviel fressen, wie sie können. Es besteht keine Gefahr, daß die erwachsenen Fische sich an dem Futter der Jungen vergreifen: es ist so winzig, daß sie es gar nicht beachten. Eher kommt es vor, daß die Eltern Appetit auf ihre Jungen entwickeln. Daher sollte man die Jungfische besser eine geraume Zeit in Aufzuchtbekken oder Ablaichkästen halten. Daß Eltern ihre Brut oder größere Fische die kleinen als Futter betrachten, mag zwar grausam erscheinen, es beugt aber ganz sinnvoll der Überbevölkerung in Seen und Flüssen und auch in unserem Aquarium vor.

Wenn ein Fisch krank wird

Zum Glück sind Krankheiten in einem richtig gepflegten Aquarium selten. Trotzdem sind Fische natürlich nicht dagegen gefeit, und man muß sich nicht unbedingt Nachlässigkeit vorwerfen, wenn man bei einem Tier die ersten Anzeichen einer Krankheit entdeckt: Es bewegt sich sehr langsam oder gar nicht, »steht« teilnahmslos am Rande, nimmt eine unnatürliche Schwimmhaltung ein und reagiert weder auf Klopfen noch auf andere Fische. In jedem Fall sollte man den kranken Fisch isolieren, ganz besonders, wenn man die Krankheitsursache nicht kennt, denn manche Krankheiten übertragen sich und können schnell ein ganzes Aquarium verseuchen. Ohnehin muß die Behandlung in einem separaten Behälter durchgeführt werden, da die Medikamente unter Umständen schädlich für die Pflanzen sind. Die richtigen Heilmittel für die häufigsten Krankheiten bekommt man in der Tierhandlung.

Die Behandlungsweise besteht meistens darin, daß Sie

den Fisch in ein bestimmtes Bad setzen müssen. Es kann aber auch sein, daß Sie laut Anweisung einige Medikamente zum Beispiel direkt auf die Haut auftragen sollen. Dann holen Sie den kranken Fisch mit dem Netz heraus und legen ihn zur Behandlung vorsichtig auf ein feuchtes Tuch, am besten auf den Boden oder auf einen großen Tisch, damit er sich nicht zu Tode stürzt, wenn er vor Angst oder Schmerz wegspringt. Falls sie ihn anfassen müssen, dann möglichst mit einem feuchten Tuch.

Hat der Fisch einen Hautausschlag, dann muß er nicht krank sein. Bei einigen Fischen, zum Beispiel bei den Goldfischen und Elritzen, entstehen während der Laichzeit kleine Pünktchen und Knötchen auf der Haut der Männchen, das sogenannte »Hochzeitskleid«. Sie verschwinden wieder, wenn das Männchen die von den Weibchen abgelegten Eier besamt hat.

Die beliebtesten Fische

Ob Sie sich für ein Kaltwasser- oder ein Warmwasseraquarium entscheiden – in beiden Gruppen haben Sie eine große Auswahl an kleinen und größeren Fischen. Sie müssen aber beachten, daß einzelne Arten sehr streitlustig sind und alle anderen Fische, die kleiner sind als sie selbst, als willkommenes Lebendfutter ansehen. Solche Fische bleiben besser unter sich.

Kaltwasserfische

Der Stichling kommt in vielen europäischen Gewässern vor. Man kann ihn kaufen, aber auch selber fangen und in einem Glas nach Hause tragen. Draußen in der Natur macht er sich als Mückenvertilger sehr nützlich, aber auch im Aquarium sind Mückenlarven sein Leibgericht. Man erkennt den Stichling an seinen ungewöhnlichen Rückenstacheln. Der Dreistachlige Stichling wird bis zu 10 cm lang, der Neunstachlige Zwergstichling höchstens 6 cm. Stichlinge sollten immer allein leben. Sie sind angriffslustig und fressen den Laich anderer Fische. Im Frühjahr baut das bunt gefärbte Männchen ein Nest und lockt die Weibchen zur Eiablage hinein, vertreibt sie anschließend wieder und übernimmt allein die Brutpflege, bis die jungen Fischchen selbständig sind. Stichlinge brauchen viel Platz, können etwas Sonne vertragen und eignen sich auch recht gut für einen Gartenteich.

Der Goldfisch aus der Familie der Karpfenfische ist wohl immer noch der populärste unter den Aquariumfischen, obgleich er wegen seiner Angewohnheit des »Gründelns«, des Bodenaufwühlens, und einer Vorliebe für Pflanzen oft lieber im Freilandbecken gehalten wird. Auch einheimische Fische können im Freien überwintern, wenn der Gartenteich, in dem sie leben, wenigstens einen Meter tief ist. Ist der Winter besonders streng, muß man ein Loch in das Eis schlagen und eine Handbreit Wasser ablassen. Die Luftschicht isoliert und verhindert, daß der Teich immer tiefer zufriert. Das Loch stopft man mit Stroh zu. Andernfalls nimmt man die Goldfische im Herbst aus dem Freilandbecken ins Haus.

Auch der Goldfisch braucht Platz und viel Sauerstoff. Im Becken benötigt er demzufolge eine gute Durchlüftung. Goldfischweibchen laichen im Frühsommer im Freien, selten im Aquarium. Ihre klebrigen Eier bleiben an den Wasserpflanzen hängen. Nur einzelne Eier haben eine Chance, sich zu entwickeln, denn die Eltern fressen ihre

Brut meist auf, wenn man sie nicht nach dem Ablaichen aus dem Becken entfernt. Seien Sie nicht enttäuscht, wenn die kleinen Goldfischchen ganz unscheinbar aussehen. Sie entwickeln erst nach knapp einem Jahr ihre schöne Goldfarbe.

Goldfische werden 10 bis 30 cm groß, manche sogar noch größer. Entsprechend ist ihr Appetit und damit auch ihre Verdauung. Sie sind die Schmutzfinken unter den Aquarienbewohnern. Eine Filteranlage tut gute Dienste.

Aus den Goldfischen haben die Chinesen, die sie ja schon seit mindestens tausend Jahren züchten, einige skurrile Formen entwickelt, die sich auch gut mit den Goldfischen zusammen halten lassen: den Teleskopfisch mit den vorquellenden Augen, den Löwenkopf und den Schleierschwanz oder Schleierfisch, dessen vergrößerte Schwanzflossen wie zarte Schleier durch das Wasser ziehen (für ihn darf das Becken nicht zu dicht bepflanzt sein, damit die empfindlichen Flossen nicht dauernd hängenbleiben). Alle diese Goldfischverwandten vertragen am besten eine beständige Temperatur um 18 bis 20 Grad, jedenfalls nicht unter 15 Grad.

Für den Bitterling eine Malermuschel

Ein interessanter Kaltwasserfisch ist der Bitterling, ein kleiner, bis 8 cm langer, silbern schimmernder Fisch. Wegen seiner eigenartigen Brutgewohnheiten sollte man ihn nicht zu anderen Fischen setzen. Das Weibchen legt seine Eier durch eine lange Legeröhre am Körper nur in einer Malermuschel ab, wo sie sich sicher und gut versorgt mit dem Sauerstoff, den die Muschel einatmet, entwickeln können. Gleichzeitig aber wird die Muschel zur Fortpflanzung angeregt, und die kleinen Muschelembryos heften sich an jeden erreichbaren Fisch im Wasser. Am besten nimmt man daher auch die Bitterling-Eltern bald nach dem Ablaichen des Weibchens wieder aus dem Bekken.

Moderlieschen und Elritze sind zwei friedfertige Fische, die gern in Schwärmen leben. Sie werden 10 bzw. 12 cm lang. Das Moderlieschen legt seine Eier um die Stengel von Wasserpflanzen, die Elritze gehört zu den Freilaichern. Diese setzen ihre Eier ins Wasser oder auf einen Grund von Moos und anderen Bodengewächsen.

Zum Moderlieschen paßt an Größe und Friedfertigkeit der Gründling, ebenfalls ein Schwarmfisch. Er macht sich, ebenso wie der kleine punktierte Panzerwels, der aber nur mit artgleichen Fischen gehalten werden soll, als Restevertilger auf dem Boden nützlich.

Schließlich sind noch einige Angehörige der großen Barschfamilie für das Kaltwasseraquarium geeignet: die aus Nordamerika stammenden Pfauenaugen-, Sonnen-, Scheiben- und Steinbarsche. Diese Barsche, die zwischen 6 und 12 cm lang werden, hält man am besten getrennt von anderen Fischen, da sie alles fressen, was ihnen in den Weg kommt. Nur der kleine Zwergbarsch, der 3 cm groß wird, ist friedfertig.

Fische für das Warmwasseraquarium

Hier ist die Auswahl besonders groß. Die exotischen Warmwasserfische, die oft in den schönsten, leuchtenden Farben schillern, sind eine Zierde für jedes Aquarium. Zudem findet man in dieser Gruppe Tiere mit besonders interessanten Lebensgewohnheiten.

Da sind einmal die lebendgebärenden Fische. Bei ihnen hat das Männchen eine als Begattungsorgan ausgebildete

Afterflosse, und das Weibchen bringt lebende Junge zur Welt, die sich sofort selbständig ernähren können.

Der bekannteste lebendgebärende Fisch, der Guppy, Millionen- oder Regenbogenfisch, ist ein idealer Fisch für Anfänger und Kinder, denn er sieht hübsch aus, kostet nicht viel, ist anspruchslos und sehr fortpflanzungsfreudig. Außerdem machen ihm als ehemaligem Tümpelfisch Sauerstoffmangel und Temperaturschwankungen weniger zu schaffen als anderen Fischen. Fehler in der Haltung kann er also besser verkraften. Für ein kleines, etwa 40 × 30 × 30 cm großes Becken mit einem oder zwei Guppypärchen genügt manchmal eine Leuchtstoffröhre als Heizquelle; Heizregler und Durchlüfter sind erst bei einem größeren Becken notwendig. Der kleine Guppy ist ein Oberflächenfisch. Sein Maul öffnet sich nach oben. Dadurch ist es ihm möglich, ohne Mühe und vor allem ohne auffällige Verrenkungen die Mücken von der Wasseroberfläche wegzuschnappen.

Das Weibchen ist mit 5 bis 6 cm Länge doppelt so groß wie das Männchen und dickbäuchig. Beim Männchen sind Rücken- und Schwanzflosse verlängert. Durch seine prächtigen Farben und einzelne dunkle Punkte am Körper ist es leicht vom Weibchen zu unterscheiden.

Überbevölkerung ist nicht zu befürchten, obgleich das Weibchen in einem Jahr vielleicht zwei- oder dreitausend Kinder in die Welt setzt (etwa 30 in einem Wurf): es frißt sie genauso eifrig wieder auf. Ohne schützende Pflanzen würde kaum ein Jungfischlein überleben. Will man wirklich züchten, dann muß man die Eltern gleich nach der Geburt der Jungen aus dem Becken entfernen – niemals umgekehrt, denn die zarten Fischchen vertragen die rauhe Behandlung des Fanges und Umsetzens noch nicht. Für die kleinen Guppys wie für alle lebendgeborenen Jungfische ist es besser, in einem flachen Zuchtbecken zur Welt zu kommen. Der Weg zur Oberfläche, den sie zur Entwicklung ihrer Schwimmfähigkeit gleich nach der Geburt zurücklegen müssen, ist dann nicht so anstrengend für die schwachen Tierchen.

Zwei weitere hübsche und leicht zu haltende Gesellschaftsfische sind Molly und Platy. Vor allem der tiefschwarze Mitternachtsmolly ist immer ein interessanter Kontrast in einem bunt bestückten Aquarium.

Schließlich sei von den lebendgebärenden Fischen noch der aus Mexiko stammende Schwertträger erwähnt. Bei diesem etwa 10 cm langen Fisch, der in den verschiedensten Farben gezüchtet wird, wächst die untere Schwanzflosse wie ein langes, spitzes Schwert. Sind die Männchen kampflustig, dann muß man sie trennen.

In der Familie der eierlegenden Fische sind vor allem die Salmler und Barben mit vielen hübschen Exemplaren vertreten. Bei dieser Gattung legt, wie auch bei den meisten der Kaltwasserfische, das Weibchen die Eier irgendwo im Wasser ab, wo sie dann von dem Männchen besamt werden.

Der Neon-Salmler ist wegen seiner prachtvollen Farben – Silber mit bunten Streifen – sehr beliebt und ein guter Gesellschaftsfisch, wenn auch nicht ganz leicht zu züchten. Roter von Rio, Trauermantelsalmler, Purpurkopf- und Sumatrabarbe sind mittelgroße, hübsch gezeichnete, friedfertige Fische. Die Prachtbarbe ist mit 10 bis 12 cm Länge schon ein großes Exemplar in dieser Gruppe. Ein anspruchsloser Anfängerfisch ist der silbrig glänzende Zebrabärbling, etwa 5 cm lang und schlank, mit breiten blauen Streifen.

Zur Familie der eierlegenden Zahnkarpfen gehört der goldbraune Prachtkärpfling, ein etwa 5 bis 6 cm langer

Raubfisch. Wie alle anderen Raubfische muß man ihn allein halten, sonst räumt er gnadenlos im Aquarium auf.

Fische, die auch Luft atmen

Eine interessante Gattung sind die Labyrinth- und Kletterfische. Sie unterscheiden sich von allen anderen Fischen dadurch, daß sie nicht nur durch die Kiemen, sondern atmosphärische Luft atmen wie andere Lebewesen. Wenn in den heißen tropischen Gewässern der Sauerstoff knapp wird, können sie sich direkt aus der Luft versorgen. Bei uns sind diese sogenannten Tümpelfische besonders für unbelüftete Aquarien zu empfehlen – bei ihnen ist es kein schlechtes Zeichen, wenn sie luftschnappend an die Oberfläche kommen.

Der Labyrinthfisch zeigt also wieder, daß die Einrichtung eines Aquariums nicht mit großen Kosten verbunden sein muß. Auf Wärme allerdings – 25 bis 30 Grad – können die Tümpelfische nicht verzichten. Man muß auch darauf achten, daß über dem Wasser noch ein Raum von wenigstens 3 cm bleibt, sonst bekommen die Tiere beim Atmen nicht genügend Luft. Einige sehr schöne Labyrinthfische, der Zwerggurami und der Zwergfadenfisch, sind zudem recht klein: 3 bis 6 cm, für ein kleines Anfängerbecken gerade recht. Etwas größer, bis etwa 10 cm, werden der Mosaikfadenfisch und der Punktierte Fadenfisch. Bei den Fadenfischen sind die vorderen Bauchflossen zu langen Fäden ausgewachsen, mit denen die Fische die Umgebung abtasten.

Die Ausnahme von der Regel, daß Fische schweigsam sind, bildet der Knurrende Zwerggurami aus der Familie der Labyrinthfische. Wenn das kleine, nur 3 bis 4 cm lange

Fischlein sich erregt, gibt es deutlich vernehmbare Knurrlaute von sich.

Besonders hübsch mit seinen roten Querstreifen und schillernden Flossen ist der Paradiesfisch. Für ein Gesellschaftsbecken ist er jedoch meist zu aggressiv. Friedfertiger ist der Kampffisch. Er macht zwar seinem Namen alle Ehre, streitet sich aber nur mit seinen Rivalen. Mehr als ein Pärchen sollte daher nicht in einem Becken leben. Faszinierend anzuschauen ist es allerdings, wenn die Männchen ihre langen bunten Flossen spreizen und aufeinander losgehen. In Thailand, der Heimat der Labyrinthfische, läßt man die Männchen Wettkämpfe veranstalten.

Kampffische sind wie alle Labyrinthfische Schaumnestlaicher. Das Männchen baut aus Speichel und Luftbläschen ein Nest unter den Blättern der Schwimmpflanzen an der Wasseroberfläche. Dann umschwärmt er das trächtige Weibchen, bis es mit ihm unter das Nest kommt und seine Eier ablegt. Bis zum Schlüpfen der Jungen hütet der Vater das Nest – auch vor der Mutter, die ihre eigenen Eier nascht, wenn man sie nach dem Ablaichen nicht entfernt. Die selbständigen Jungen interessieren den Vater schließlich auch nur noch als Leckerbissen.

Zum Schluß noch ein Wort über die Familie der Buntbarsche. Zu ihr gehört auch der beliebte Segelflosser. Alle Buntbarsche betreiben eine liebevolle Brutpflege: Männchen und Weibchen hüten gemeinsam die Eier und führen die Jungfische, bis sie erwachsen sind. Die Kleinen Maulbrüter aus dieser Familie laichen in einer Kuhle, die das Männchen buddelt. Dann jedoch nimmt das Weibchen die Eier ins Maul und brütet sie dort etwa 18 Tage aus. Wenn die Jungen schließlich geschlüpft sind, spuckt sie sie aus – und dann frißt sie erst einmal, denn sie mußte die ganze Zeit fasten. In den folgenden Wochen führt die Mutter die

Jungen und legt sie abends in ihrem Maul schlafen, solange sie hineinpassen: immerhin sind es manchmal 50 und noch mehr.

Einer der schönsten Segelflosser aus der Familie der Buntbarsche ist der Friedliche Skalar. Er benötigt aber ein hohes Becken, denn er kann selbst schon eine Höhe von 25 cm erreichen. Achten Sie deswegen bei der Bepflanzung darauf, daß er ausreichend Platz hat und noch zwischen den Pflanzen hindurchschwimmen kann.

Terrarientiere

Was man vorher wissen sollte

Unter den Begriff Terrarientiere fallen die Reptilien und die Amphibien, die sowohl im Wasser als auf dem trockenen Land leben. In beiden Gruppen gibt es unter der großen Zahl sehr verschiedenartiger Tiere jedoch nur wenige, die man als Haustiere empfehlen kann. Zumindest die Haltung von Krokodilen, Schlangen und großen Echsen sollte man den zoologischen Gärten überlassen und sich mit gelegentlichen Besuchen zufriedengeben, da diese Tiere mit sehr viel Erfahrung gepflegt werden müssen und teilweise gefährlich sind. Als Tiere für Kinder sind sie nicht geeignet.

Die Haltung von Terrarientieren ist schwierig, denn sie benötigen Sonne (oder Heimsonne), Wärme, eine bestimmte Feuchtigkeit oder Trockenheit. Außerdem muß die Einrichtung des Terrariums den natürlichen Bodenverhältnissen ihrer Heimat angepaßt sein. Schwierig ist auch die Beschaffung von Lebendfutter, besonders in der kalten Jahreszeit. Wo soll man stets Fliegen, Würmer, Schnecken oder gar Mäuse und Frösche für die größeren Tiere herbekommen?

Man muß sich auch darüber klar sein, daß viele Terrarientiere nicht gerade unterhaltend sind. Sie dösen die meiste Zeit vor sich hin und werden nur munter, wenn es Futter gibt. Manchmal nicht einmal dann. Kann man ihnen nicht ständig Lebendfutter beschaffen, dem sie nachjagen müssen, dann werden einige so bequem, daß sie sich das Futter am liebsten noch ins Maul schieben lassen. Zahm werden sie kaum. Wählen Sie also, wenn überhaupt, nur solche Terrarientiere, die einigermaßen einfach zu halten sind und für die sich der Aufwand am ehesten lohnt: einige Molche und Salamander, Eidechsen und Laubfrösche und natürlich die beliebte Schildkröte. Da die meisten einheimischen Terrarientiere geschützt sind, dürfen sie nur auf eigenem Grund gefangen werden. Sie sollten sie nur zum Beobachten über eine gewisse Zeitspanne im Terrarium behalten und ihnen dann wieder die Freiheit geben.

Wie das Terrarium beschaffen sein muß

Gestell- oder Vollglasaquarien eignen sich als Terrarien, sofern sie groß genug und ausreichend belüftet sind. Die richtige Größe hängt jedoch weniger von der Größe der Tiere ab, die man darin unterbringen will, als von ihrer Lebensweise. Hier gilt nicht die gleiche Regel wie für die Fische, daß der Behälter zehnmal länger sein soll als das längste Tier. Einige Tiere beanspruchen auch in der Natur nur einen ziemlich begrenzten Lebensraum. Zum Beispiel die geschmeidigen Echsen benötigen im Verhältnis zu ihrer Größe weniger Raum als Frösche oder Schildkröten.

Als Faustregel kann gelten: Für ein Pärchen flinker Eidechsen muß das Terrarium mindestens 60 × 30 cm groß sein. Die Höhe richtet sich danach, ob die Tiere am Boden leben oder viel klettern. 30 cm genügen für die Zauneidechse, 50 cm und mehr müssen es für die gelenkige Mauereidechse sein. Schildkröten dagegen, auch wenn sie vielleicht kleiner sind als die Eidechsen, können in einem Behälter von dieser Größe nur dann leben, wenn sie zeitweise frei herumlaufen dürfen.

Terrarien, die man fertig kauft, haben manchmal mehrere Seiten und den Deckel aus Drahtgaze. Überlegen Sie vorher gut, welche Tiere Sie halten wollen. Heimische Eidechsen brauchen trockene und die südländischen außerdem gut geheizte Behälter. Mit Drahtwänden ist das aber nicht zu erreichen. Eidechsen, Molche und Salamander, die auf trockenem bis feuchtem Grund leben, aber eine hohe Luftfeuchtigkeit benötigen, sind in einem fast geschlossenen Behälter besser aufgehoben. Die Luft darf jedoch nicht stickig werden, sie muß zirkulieren können. Günstig ist für alle Tiere, die eine bestimmte Wärme oder Luftfeuchtigkeit haben müssen: vier Wände aus Glas, in den beiden Seitenwänden diagonal oben und unten zwei schmale Gazestreifen, ein Deckel mit einem Drahtteil, über dem die Bestrahlungslampe angebracht wird und vorn, an der Seite oder im Deckel eine Tür zum Füttern. Terrarien müssen oben gut verschlossen sein, denn die meisten Tiere können klettern.

Als Wärmequelle für ein kleines Terrarium genügt eine einfache Glühbirne, am besten in einem trichterförmigen Schirm befestigt, damit Licht und Wärme ohne Verlust nach unten strömen. Eine 40-Watt-Birne erwärmt ein 60- bis 80-Liter-Becken auf etwa 30 Grad. Nachts wird die Beleuchtung ausgeschaltet.

Die tiefdringenden Infrarotstrahler sind als Wärmespender nur für Reptilien geeignet, deren Haut mit einer Hornschicht überzogen ist.

Reptilien können auch in der Gefangenschaft nicht auf Sonne verzichten. In Ermangelung der natürlichen Sonne kann man sie in der kühleren Jahreszeit zwei- bis dreimal in der Woche mit einer Heimsonne bestrahlen. Die Bestrahlungszeit dehnt man allmählich bis auf 20 Minuten aus. Wichtig ist, daß die Ultraviolettlampe wenigstens 50 cm Abstand hat.

Am besten »Fußbodenheizung«

In einem größeren Terrarium wird man mit einer Glühbirne nicht auskommen. Und auch dann, wenn der Behälter in einem kühlen Raum steht und die Temperatur nach dem Ausschalten der Beleuchtung unter 18 Grad fällt, ist eine zusätzliche Heizung erforderlich. Verschiedene Heizkabel und Heizkissen sind im Fachhandel erhältlich. Am vorteilhaftesten sind solche Heizungen, die man unter dem Bodengrund anbringt, damit die Tiere sich weder daran verbrennen noch sie abreißen können. Die Temperatur soll möglichst der im Heimatland der Terrarientiere entsprechen. So müßte sie für einen mittelamerikanischen Leguan 30 Grad und mehr betragen, für die einheimische Bergeidechse dagegen wären etwa 20 Grad angebracht.

Manche der einheimischen Terrarientiere halten einen Winterschlaf. Sie wühlen sich im Spätherbst in die Erde ein und kommen erst im Frühjahr wieder zum Vorschein. Im warmen Terrarium ist der Winterschlaf nicht lebenswichtig, doch wenn ein Tier das Bedürfnis danach zeigt, sollte man ihm die Möglichkeit geben. Das Tier wird dann auffallend unruhig. Geben Sie ihm zunächst ein paar Tage nichts mehr zu fressen, damit es sich ganz entleeren kann. Dann setzen Sie es in eine Kiste mit Blättern und Moos, die Sie mit Maschendraht verschließen. Nehmen Sie möglichst keinen Torf, denn damit kann für das Tier Erstikkungsgefahr entstehen, wenn die Einstreu doch einmal trocken werden sollte. Die Kiste stellen Sie in einen frostfreien Kellerraum und besprühen das Streugemisch gelegentlich mit Wasser. Es soll immer leicht feucht, aber nicht naß sein. Macht das Tier jedoch keine Anstalten, sich einzubuddeln, dann war seine Unruhe nur blinder Alarm und Sie müssen es wieder in sein Terrarium setzen.

Kletterbäume und »Swimming-pools«

Auch für die Einrichtung des Terrariums gibt die natürliche Umgebung der Tiere die besten Anhaltspunkte. Der Bodengrund besteht meistens aus Steinen, Sand und Torf. Eine Schicht Tonscherben zuallerunterst verhindert, daß sich die Feuchtigkeit staut. Der Wasserteil eines Aquaterrariums muß einen Abfluß haben, da das Wasser häufiger gewechselt werden muß. Für Tiere jedoch, die nur ein kleines Becken mit wenig Wasser benötigen, wie der Laubfrosch beispielsweise, genügt eine Plastikschale.

Falls das Terrarium aus Holz gebaut ist, sollte der Boden mit Zinkblech ausgelegt werden. Für alle Amphibientiere ist ein Aquaterrarium unerläßlich. Manche benutzen es nur zur Laichzeit, andere leben auch zeitweise im Wasser. Als Wasserteil eignet sich ein flach abfallendes, je nach Größe der Tiere vielleicht 3 bis 8 cm tiefes Zementbecken, das etwa ein Drittel der gesamten Bodenfläche einnimmt, oder eine entsprechende Keramikschale. Der Landteil wird mit allerlei Steinen, bizzaren Wurzeln, Zierkork, Rindenstücken und Moos ausgestattet. Hier suchen die Tiere sich ihre Schlupfwinkel. Auch Hohlziegelsteine sind als Versteck willkommen. Grüne Pflanzen sollten nicht fehlen; sie spenden Sauerstoff und bieten Schutz. Man pflanzt sie in Blumentöpfe, die man dann mit Sand und Steinen abdeckt, oder man läßt sie an Ästen und Steinen entlang ranken. Tradescantia-Arten, Philodendron, Bromelien, Efeu und Farne gedeihen gut im Terrarium. Allerdings muß man damit rechnen, daß man alle Pflanzen von Zeit zu Zeit auswechseln muß, da sie unter der für sie zu starken Bestrahlung leiden. Es ist nicht erforderlich und bei exotischen Tieren auch kaum möglich, daß die Pflanzen genau dem natürlichen Lebensraum entsprechen.

Einmal täglich werden, auch im trockenen Terrarium, alle Pflanzen mit Wasser bestäubt. Manche Reptilien lekken danach die Blätter ab und decken so ihren Feuchtigkeitsbedarf. Für einige Amphibien hält man auch das Erdreich feucht, indem man es regelmäßig leicht besprüht.

Terrarientiere brauchen Lebendfutter

Wohnt man in der Stadt, hat man kaum Gelegenheit, selber Würmer, Schnecken, Schmetterlinge oder Heuschrekken lebend zu beschaffen. Man ist darauf angewiesen, was die Tierhandlung anzubieten hat.

Die meisten Terrarientiere fressen nur, was sich bewegt. Kunstfutter rühren sie nicht an. Es ist schon viel gewonnen, wenn sie kleingeschnittenes Fleisch oder Fisch annehmen, das man mit einer Pinzette oder einer Futternadel vor ihrem Maul hin- und herbewegt. Als Futterbesteck eignet sich eine Holzpinzette oder Stahlpinzette mit abgerundeten Enden, an denen sich das Tier nicht verletzen kann. Zum Aufspießen von Fleischstückchen benutzt man eine stumpfe Futternadel.

Man kann im Sommer Futtertiere für den Winter einfrieren. Vitamin- und Kalkpräparate, die alle Tiere hin und wieder brauchen, lassen sich am besten in Verbindung mit totem Futter verabreichen. Niemals das Futter mit der Hand reichen, einige Tiere schnappen ganz schön zu. Würmer und dergleichen legt man immer an eine bestimmte Futterstelle, zum Beispiel auf einen flachen Stein. Insekten läßt man im Terrarium fliegen. Gefüttert wird einmal am Tag. Die beste Zeit ist abends, weil dann auch die lichtscheuen Tiere aus ihren Verstecken kriechen. Hin und wieder ein paar Fastentage schaden keinem Tier.

Kranke Tiere und ihre Behandlung

Die verschiedenen Lähmungserscheinungen oder auch Knochenerweichungen, die bei Terrarientieren gelegentlich auftreten, haben meist nur eine Ursache: Vitamin- und Kalkmangel. Nur durch reichliche Zufuhr von Vitaminen und Calcium kann eine Besserung erzielt werden. Bei Tieren, die Sonne lieben und vertragen können, hilft auch zusätzliche Ultraviolettbestrahlung. Solche Erkrankungen sind ein Zeichen dafür, daß das bisherige Futter nicht alle notwendigen Nährstoffe enthielt. Es muß entsprechend verbessert werden.

Hauterkrankungen und Geschwüre behandelt man mit viel frischem Wasser und einer schwachen Kaliumpermanganatlösung. Bei wasserscheuen Tieren wendet man Antibiotika oder Sulfonamide direkt auf der Haut an. Ein Faulen oder Absterben der Glieder, wie es manchmal vorkommt, läßt sich jedoch auch damit nicht verhindern.

Bei Erkältungen hilft am besten Wärme. Etwas Lebertran ins Futter unterstützt die Heilung.

Entzündungen der Mundhöhle muß der Tierarzt behandeln. Auch gegen Würmer sollte man nicht ohne ärztliche Anweisung vorgehen. Entzündete Augen wäscht man mit Borwasser aus. Gegen Milben gibt es wirksame Mittel in der Tierhandlung. Zecken betupft man mit Alkohol und zieht sie vorsichtig aus der Haut. Oder man schmiert die Stelle dick mit Vaseline ein, dann fallen sie von selber ab.

Hat ein Tier Häutungsschwierigkeiten, dann hilft manchmal häufiges Baden. Vorteilhaft für solche Fälle ist auch ein dichter Pflanzenwuchs im Becken, an dem sich das Tier reiben kann.

Die Familie der Amphibien

Wenn Sie ein Aquarium besitzen, können Sie Molche züchten. Kinder finden gewöhnlich viel Vergnügen daran, die eigenartige Entwicklung der Molchlarven, der sogenannten Kaulquappen, zu beobachten.

Molche gehören zur Gattung der Schwanzlurche und leben einen Teil des Jahres im Wasser. Sie stehen unter Naturschutz. Kaufen Sie Molche am besten im Frühjahr, dann können Sie sie sofort zum Laichen ins Wasser setzen. Aber Vorsicht: Molche sind Laichräuber. Sie fressen ihre eigene Brut auf. Darum sollte man, wenn man an Nachwuchs interessiert ist, die Eltern bald nach der Eiablage in ein anderes Becken setzen. Das ist einfacher, als die Pflanzen mit den daran haftenden Eiern umzusetzen.

Molche gedeihen in einem gut bepflanzten Kaltwasseraquarium zusammen mit Stichlingen. Man sollte sie aber nicht mit den empfindlicheren Goldfischen zusammentun. Wie die Fische fressen sie Würmer, Enchyträen, Insekten und Mückenlarven, machen jedoch auch vor Schnecken nicht halt.

Das Weibchen legt die befruchteten Eier in der Regel einzeln an Blättern der Wasserpflanzen ab, wobei es mit den Hinterbeinen die Blätter noch zusammenfaltet. Aus den Eiern entwickeln sich kleine Larven mit Kiemen, denen zuerst die Vorderbeine und später die Hinterbeine wachsen. Die Kiemen bilden sich zurück. Nach ungefähr fünf Monaten, spätestens nach einer Überwinterung sind die kleinen Molche so weit, daß sie Land unter die Füße bekommen möchten. Zunächst gibt man den Kleinen – und auch den Eltern während der Laichzeit – die Möglichkeit, auf einem dichten Büschel Wasserpest oder einer

Amphibien, wie Salamander und Molche, benötigen zum Laichen Wasser. Für Salamander genügt ein flaches Wasserbecken im Aquaterrarium, die Brut der Molche, die Kaulquappen dagegen, gedeiht am besten in einem Aquarium. Im Terrarium und Aquaterrarium hat die Bepflanzung nur den Zweck, den Tieren Schutz vor Sonne und Licht und Versteckmöglichkeiten zu bieten.

anderen kräftigen Wasserpflanze an der Oberfläche Halt zu finden. Man kann auch ein Stück Zierkork oder Holz zwischen die Wände des Aquariums klemmen. Später muß man sie dann in ein Aquaterrarium umsetzen. Dort leben sie zwei bis drei Jahre, bevor sie fortpflanzungsfähig werden und zum Laichen ins Aquarium gesetzt werden können. Hin und wieder häuten sich die Molche bis hinunter zu den »Fingerspitzen« und erstrahlen dann in neuem Glanz – die Weibchen immer etwas unscheinbarer als die bunteren Männchen.

Die Larven werden zuerst mit Einzellern, Daphnien (Wasserflöhen), Tubifex, kleinen Krebsen und Mückenlarven gefüttert. Sind die Molche einmal »an Land« gegangen, dann brauchen sie, außer zum Laichen, kein Schwimmbecken mehr. 1 bis 2 cm Wasser in einem Teil des Terrariums ist ausreichend. Das Festland sollte aus kleinen Steinen oder Ziegelstücken und Moos bestehen, unter dem sich die Molche gern verkriechen. Eine dichte Tradescantienbepflanzung dazwischen ist ebenfalls vorteilhaft. Unerläßlich ist ein Deckel auf dem Terrarium, denn Molche klettern in den Ecken hoch.

Wegen ihrer geringen Größe von 8 bis 10 cm sind der einheimische Streifen- oder Teichmolch mit dem Rückenkamm, der bunte Bergmolch, der aus Japan stammende Feuerbauchmolch und der spanische oder grünliche Wassermolch für kleinere Behälter geeignet. Bei normaler Zimmertemperatur kommen diese Tiere ohne zusätzliche Beheizung aus, sie müssen nur feucht genug gehalten werden. Bergmolch und Feuerbauchmolch sowie die etwa 15 cm großen Kamm- und Marmormolche können sogar das ganze Jahr über in einem Aquarium leben, sofern es im Sommer kühl genug ist.

Salamander und Axolotl

Amphibien wie die Molche sind auch die Salamander. Sie benötigen jedoch zum Laichen kein Aquarium, ihnen genügt ein flaches Wasserbecken im Terrarium, etwa 3 bis 5 cm tief, in dem sie ihre Larven ablegen. Leider bekommt man die hübschen und zum Teil auch sehr behenden Tierchen nur wenig zu Gesicht, sie sitzen meist versteckt unter Steinen und Moos und gehen erst in der Dämmerung auf Futterjagd nach Würmern und Schnecken. Für die meisten Salamander muß das Becken warm und feucht, jedoch nicht naß sein.

Ein beliebter Terrarienbewohner ist der schwarz-gelb gefleckte einheimische Feuersalamander. Er wird etwa 20 bis 25 cm groß. Etwas kleiner ist der schwarze Alpensalamander, dessen Haut wie Lack glänzt. Er liebt etwas kühlere Temperaturen, etwa 18 bis 22 Grad. Aus Nordamerika stammen zwei Salamander, die sich recht gut in einem Terrarium halten lassen: Der flinke braune Bachsalamander lebt an Flußläufen und benötigt auch in der Gefangenschaft ein flaches Wasserbecken, das Sie wie ein »Flußufer« mit schönen glatten Steinen anlegen können. Der marmorierte oder gebänderte Salamander schätzt besonders ein dichtes Moospolster. Das Weibchen legt auch seine Eier auf feuchtem Moos ab, das dann allerdings unter Wasser gesetzt werden muß, damit sich die Larven entwickeln können. Beide Arten werden etwa 10 bis 12 cm lang. Falls eine Larve nicht wie die anderen nach einiger Zeit als Salamander das Land aufsucht, kann man der Metamorphose nachhelfen. Man reduziert das Wasser im Becken ganz allmählich, bis das Tierchen nicht mehr untertauchen kann und lernen muß, statt der Kiemen seine Lunge zu gebrauchen. Während der Umwandlung, die etwa eine Woche dauert, wird es gut gefüttert und sehr feucht gehalten.

Eine interessante Form der Schwanzlurche ist der Axolotl, eigentlich ein im Larvenstadium steckengebliebener Salamander. Er atmet durch Kiemen wie die jungen Molche, entwickelt sich aber normalerweise nicht weiter zu einem Landbewohner, sondern muß ständig im Aquarium leben. Da er so groß werden kann wie ein ausgewachsener Salamander und dabei noch recht gefräßig ist – außer Würmern, Schnecken und rohem Fleisch sind ihm auch kleine Fische sehr willkommen –, ist er für ein Gesellschaftsaquarium nicht sehr geeignet.

Schwanzlose Lurche

Neben den Schwanzlurchen – Molchen und Salamandern – gehören zur Familie der Amphibien die schwanzlosen Lurche oder Froschlurche. Der Unterschied ist, daß sie nach der Metamorphose von der Larve zum erwachsenen Tier keinen Schwanz mehr besitzen, mit dem sich die Schwanzlurche geschmeidig zwischen Steinen und Pflanzen hindurchschlängeln. Bei den Froschlurchen sind dagegen die Hinterbeine stark ausgebildet: Sie bewegen sich hüpfend und springend voran, wobei die kräftigen Beine den Körper hochschnellen.

Froschlurche brauchen ähnliche Lebensbedingungen wie die Molche und Salamander: ein mehr oder weniger großes Wasserbecken, einen Landteil mit Versteck- und Klettermöglichkeiten, eine beständige, nicht zu hohe Luftfeuchtigkeit und für die größten »Springer« unter den Froschlurchen ein ausreichend hohes Terrarium, damit sie sich nicht verletzen oder ihre Springfähigkeit einbüßen.

Froschlurche fressen nur Lebendfutter: Fliegen, Insekten und Spinnen. Im Winter können sie auch mit Mehlwürmern, Enchyträen und Mückenlarven aus der Tierhandlung ernährt werden.

Zu den Froschlurchen zählen auch die Kröten und Unken. Sie sind ganz gewiß nicht jedermanns Geschmack. Ihre Haut ist mit Drüsen durchsetzt, die ein Sekret absondern. Anfassen sollte man sie darum nicht. Sie fressen nur Lebendfutter: Insekten, Spinnen, Würmer und Schnecken, brauchen ein Wasserbecken, Verstecke unter Steinen und Pflanzen und wenig Feuchtigkeit. Die Tiere werden erst abends munter.

Der Laubfrosch

Der beliebteste unter den Froschlurchen ist der kleine Laubfrosch. Er wird nur 5 cm groß, ist einfarbig grün und zwischen den Blättern von Bäumen und Sträuchern kaum zu erkennen, wechselt aber die Farbe in ein unauffälliges Braun oder Graubraun, wenn er auf einem Ast sitzt. Als Baumfrosch muß er auch in der Gefangenschaft klettern und springen können; ein kleiner verzweigter Kletterbaum, in einen Blumentopf gepflanzt, oder eine Leiter ist deshalb unentbehrlich. Außerdem sollten in dem Becken frische grüne Pflanzen sein, unter denen er sich verstecken kann. Zusätzlich braucht er, auch außerhalb der Laichzeit, ein Wasserbecken, dessen Wasser stets sauber sein muß. Wenn Sie die Pflanzen besprühen, sollte der Laubfrosch etwas Wasser abbekommen. Mehr Feuchtigkeit braucht er nicht. Wasser zum Trinken, zum Baden oder auch nur zum Befeuchten des Terrariums darf nie direkt aus der Leitung kommen. Es sollte wenigstens Zimmertemperatur haben, besser noch lauwarm und etwas abgestanden sein.

Wenn man alle diese Bedingungen erfüllen will, ist ein Gurkenglas kaum der geeignete Behälter für einen Frosch. Sicher wird noch mancher von Kindern eingefangene Frosch darin sein Leben fristen, doch ein Alter von 20 Jahren, das ein gut gepflegter Frosch erreichen kann, wird ihm wohl nicht beschieden sein.

Der Frosch ist ein besonders unterhaltsamer Terrarienbewohner, denn er hüpft umher und vollführt dabei akrobatische Glanzleistungen. Haftschalen an seinen Zehen ermöglichen es ihm, ebenso unter wie über den Blättern Halt zu finden und selbst an den glatten Terrarienscheiben kleben zu bleiben. Er sonnt sich gern, wenn man ihn mit seinem Behälter auf den Balkon stellt.

Nur einen Nachteil hat der kleine Laubfrosch als Haustier: seine durchdringende und keineswegs melodiöse Stimme. Es sind jedoch nur Männchen, die mit ihrer aufpumpbaren Schallblase am Kehlkopf die typischen Quaklaute hervorbringen, um damit ein Weibchen anzulocken oder das Revier zu verteidigen. Will man seine Ruhe haben, dann hält man nur einen Frosch, am besten ein Weibchen. Nachwuchs ist nur dann zu erwarten, wenn ein Pärchen in einem Bett aus Torfmoos Winterschlaf gehalten hat. Dann legt das Weibchen im Wasserbecken seine Eier ab, aus denen sich nach zwei Wochen Kaulquappen mit spitzen Ruderschwänzchen entwickeln. Drei Monate später verlassen kleine Frösche das Wasser.

Die Reptilien

Aus der Familie der Reptilien eignen sich verschiedene kleine Echsen am besten fürs Terrarium. Reptilien sind Kriechtiere, die in trockener und heißer Landschaft leben. Sie legen ihre Eier nicht in einem Gewässer ab, sondern in der Erde, wo dann nach zwei bis drei Monaten die Jungen ausschlüpfen. Echsen brauchen also trockene Behälter und Sonne, die notfalls durch eine Heimsonne geliefert wird. Auch zur Bildung von Vitamin D ist in unseren Breiten die Heimsonne bei der Haltung von Terrarientieren unentbehrlich. Reptilien vertragen die Bestrahlung im allgemeinen, ohne daß ihre Augen angegriffen werden. Trotzdem sollte man vorsichtshalber darauf achten, daß das Licht nicht direkt in die Augen fällt. Auch muß das Tier immer die Möglichkeit haben, ein Versteck aufzusuchen.

Die einheimische Zauneidechse wird etwa 20 cm lang. Sie ist kein großer Kletterer, braucht aber trotzdem ein Baumstück, auf dem sie sich sonnen kann. Außerdem schätzt sie Moos und Pflanzen, die täglich übersprüht werden, als Versteck. Frisches Trinkwasser in einer kleinen Schale oder in einem ausgehöhlten Stein darf nicht fehlen. Das Terrarium soll nicht zu klein sein, denn Zauneidechsen sind sehr lebhafte Tiere. Die Temperatur kann etwa 25 Grad betragen, nachts etwas weniger. Zauneidechsen überwintern in Erdlöchern, in einem beheizten Terrarium verzichten sie meist ganz auf den Winterschlaf.

Etwas kleiner sind die braunen Berg- und Waldeidechsen. Sie sind Lebendgebärer. Für sie muß die Luft im Terrarium feuchter sein als für die anderen Eidechsen.

Muntere Kletterer sind die Mauereidechsen, die einheimischen und auch die südländischen, die in den vielfältigsten Farben vorkommen. Sie werden etwa 15 bis 20 cm lang, brauchen viel Platz und vor allem eine Mauerwand mit Vorsprüngen und Spalten zum Klettern und Verstekken. Eine solche Wand schichtet man aus flachen Steinen auf. Die Luft im Terrarium soll warm und trocken sein. Die Mauereidechsen leben vorwiegend von Insekten, mögen aber auch gern sehr süßes Obst wie Weintrauben, Bananen oder überreife Pflaumen, Birnen und Beeren.

Schildkröten leben vegetarisch

Von allen Kriechtieren hat sich die Schildkröte als Haustier am besten bewährt. Sie ist leicht zu halten, und sie ist wohl das einzige Tier in dieser Gattung, mit dem auch

Mit der Schildkröte können schon 2- oder 3jährige Kinder spielen. Wird das Spiel zu rauh, dann zieht die Schildkröte einfach Kopf und Beine in ihren Panzer zurück. Sie ist sehr zutraulich, gutmütig und beißt nicht. Man muß nur aufpassen, daß Kinder sie nicht unachtsam fallen lassen. Wenn ihr Panzer zerbricht, kann das für sie den Tod bedeuten.

schon kleinere Kinder etwas anfangen können. Das kuriose Geschöpf in seinem dekorativen Panzerhaus ist so freundlich, daß es nicht einmal einer Fliege etwas zuleide tut – vorteilhaft für den Besitzer, denn er braucht kein Lebendfutter zu beschaffen. Schildkröten sind Vegetarier. Sie mögen zwar gelegentlich ganz gern ein bißchen mageres Hackfleisch und in Milch eingeweichtes Weißbrot, ihre Hauptnahrung besteht jedoch aus Gemüse und Obst: Salat, Kohl, Klee und Löwenzahn, Tomaten, Äpfel, Birnen und andere süße Früchte. Natürlich fressen sie auch die Stiefmütterchen im Garten, wenn sie dazu Gelegenheit haben. Junge Tiere werden so zutraulich, daß sie das Futter aus der Hand nehmen.

Schildkröten lassen es sich gefallen, daß Kinder mit ihnen spielen – nur sollte das Spiel nicht zu lange dauern, eine Stunde Aktivität am Tag ist genug für das etwas bequeme Tier. Kindern muß man einschärfen, daß sie die Schildkröte nicht fallenlassen dürfen, denn ihr Panzer könnte zersplittern.

Schon seit Millionen von Jahren gibt es die Schildkröte in fast unveränderter Form. Heute kennt man mehr als zwei Dutzend verschiedene Arten, von der kleinen Wasserschildkröte bis zu 1,30 Meter großen Exemplaren auf einigen südländischen Inseln. Sie werden sehr alt, fünfzig und sogar hundert Jahre sind keine Seltenheit. In Gefangenschaft bringen sie es bei guter Pflege auf 20 oder 30 Jahre.

Auf Sonne können sie nicht verzichten

Leider erreichen viele Schildkröten noch nicht einmal ein Alter von zwei Jahren, weil sie in Unkenntnis ihrer Lebensgewohnheiten falsch gehalten werden. Die hier angebotenen Tiere, die Griechischen und die Maurischen

Landschildkröten, sind in den Mittelmeerländern und in Nordafrika beheimatet. Sie werden importiert, sind also Wildtiere, die nun plötzlich in ein ganz anderes Klima verpflanzt werden. Sie können natürlich nicht auf die Sonne verzichten. Da sie bei uns viel seltener und weniger intensiv scheint, ist an sonnenarmen Tagen eine Bestrahlung mit einer Ultraviolettlampe erforderlich. Ansonsten läßt man Schildkröten im Sommer jeden Sonnenstrahl in einem Freigehege im Garten oder auf dem Balkon auskosten und holt sie erst bei kühlerem Wetter ins Haus. Zusätzlich sollte man noch regelmäßig Kalk und Vitamine geben.

Bei jungen Schildkröten, deren Panzer sich erst noch erhärten muß, sind solche Zugaben und die UV-Bestrahlung einfach lebensnotwendig, wenn sie nicht langsam, aber sicher eingehen sollen. Das Schlimmste ist nämlich, daß man es nicht gleich bemerkt, wenn die Tiere unter Vitaminmangel leiden. Verweigern sie erst die Nahrungsaufnahme, ist es für eine Behandlung meist schon zu spät.

Setzt man die Schildkröte der Sonne oder einer künstlichen Bestrahlung aus, so muß auch immer ein Unterschlupf in der Nähe sein, damit sie sich zurückziehen kann, wenn sie genug hat. Im Garten baut man ihr in einer geschützten Ecke, vielleicht an einer südlichen Hauswand, eine kleine Hütte aus Steinen oder Holz, in die sie sich abends zum Schlafen verkriechen wird. Der Auslauf muß gut mit dichtem Maschendraht oder Holz etwa 50 cm hoch eingezäunt sein, denn Schildkröten sind erstaunlich zähe Kletterer, die auch dort noch ausreißen, wo man es ihnen nie zutrauen würde. Normalerweise können sie bei uns nicht im Freien überwintern, man muß sie etwa im Oktober in einer Kiste mit Laub und Torfmull an einen kühlen, frostfreien Platz setzen. Es ist aber auch schon vorgekommen, daß Schildkröten im Herbst, wenn sie ins

Haus geholt werden sollten, plötzlich verschwunden waren. Im Frühjahr erschienen dann die längst erfroren geglaubten plötzlich am alten Futterplatz.

Ein paar Tage vor dem Winterschlaf fördert ein ausgedehntes warmes Bad die Entleerung. Nach dem Aufwachen im Frühjahr wird die Schildkröte ebenfalls zuerst gebadet. Keine Badezusätze ins Wasser geben, denn die Schildkröte hat großen Durst und wird ausgiebig trinken. Es ist nicht beunruhigend, wenn sie in der ersten Woche kein Futter anrührt. Ihr Stoffwechsel stellt sich nur langsam auf die veränderte Lebensweise um.

Hält man Schildkröten nur im Haus, dann muß man sie regelmäßig besprühen, denn die Luft ist hier zu trocken. Auch brauchen sie immer frisches Trinkwasser in einer flachen Schale, die nicht umkippen kann, wenn sie mit ihren Vorderpfoten zum Trinken hineinsteigen. Einmal in der Woche setzt man die Schildkröte für eine halbe Stunde in ein lauwarmes Bad. Das Wasser muß so niedrig sein, daß sie noch den Kopf heraushalten kann.

Schildkröten gedeihen im Haus am besten in einem großen Terrarium mit sandigem Boden, harten Pflanzen, die sie nicht fressen mögen, und ein paar flachen Steinen zum Klettern und Sonnen. Man kann sie jedoch auch im Zimmer herumlaufen lassen, muß ihnen aber dann an einem sonnigen Platz ein leicht zu erkletterndes Kistchen mit weichem Bodengrund und Steinen, einem geschützten Schlafplatz sowie Wasser- und Futterschalen aufstellen.

Nachwuchs ist selten

Wenn Sie ein Pärchen Schildkröten halten – das Männchen erkennt man am besten an einer Einbuchtung im Bauchpanzer, beim Weibchen ist der Bauchpanzer ganz platt –, dann erleben Sie im Frühsommer, wie das Männchen auf wenig zarte Weise das Weibchen umwirbt: Es nimmt einen Anlauf und rammt die Auserwählte mit seinem Panzer, nachdem er vorher noch schnell den Kopf einzieht. Nach erfolgter Paarung legt das Weibchen zwei bis vier walnußgroße Eier in eine kleine Sandkuhle, scharrt Erde darüber und drückt sie mit ihrem Bauchpanzer fest. Damit hat sie ihre Pflicht getan.

In der Gefangenschaft gelingt es selten, die jungen Schildkröten überhaupt zum Schlüpfen zu bringen. Man kann es versuchen, indem man die Eier in einen Blumentopf legt und mit einer etwa 2 cm hohen Torf- oder Sandschicht locker zudeckt, damit noch Luft durchdringt. Nun muß man die Erde bei einer Temperatur von 25 bis 28 Grad ständig etwas feucht halten. Man kann den Topf in ein feuchtwarmes Terrarium oder, mit einer Glasplatte abgedeckt, auf die Heizung stellen. Auch eine Glühbirne, dicht über die Platte gehängt, gibt genügend Wärme.

Wenn die kleinen Schildkröten nach etwa drei Monaten aus dem Sand krabbeln, haben sie noch einen ganz weichen Panzer. Sie müssen weiterhin bei etwa 25 Grad in einem Terrarium schön warm gehalten werden und viel Sonne bekommen. Zuerst werden sie mit weichem Fruchtfleisch oder Tomaten gefüttert, doch schon bald können sie Blattgemüse fressen. Im ersten Jahr sollten sie keinen Winterschlaf halten, weil sie noch sehr zart sind. Wenn man sie immer gleichmäßig warm hält, verzichten sie darauf.

Vögel

Die gefiederten Freunde

Bei der Überlegung, welches Haustier man sich halten kann, wird der Vogel sehr schnell in die engere Wahl gezogen. Vögel sind bei Kindern ebenso beliebt wie bei Erwachsenen. Es gibt Leute, die einheimische Singvögel halten, um sie vor den Gefahren der Zivilisation zu schützen, und es gibt andere, die jede Vogelhaltung ablehnen, weil sie es grausam finden, Vögel überhaupt in Käfige zu sperren. Zwischen beiden Extremen findet derjenige, der sich einfach aus Freude an den munteren Gesellen einen Vogel anschaffen möchte, einen gangbaren Mittelweg, der ihn nicht in Gewissenskonflikte stürzen muß: Er hält nur Vögel, die seit Generationen in der Gefangenschaft gezüchtet werden und sich in der Freiheit kaum noch selbst erhalten könnten, und er verschafft ihnen einen so großzügig bemessenen Lebensraum, daß sie die Freiheit nicht vermissen.

Wenn man dem Vogel aber kein Vogelhaus im Freien und keine Vogelstube in der Wohnung bieten kann, sollte man ihn so oft und so lange wie möglich frei im Zimmer herumfliegen lassen. Und nachdem er gern in Gesellschaft ist, sollte man ihm unbedingt einen Spielgefährten geben, wenn man ihn oft allein lassen muß.

Gegen die unbeschränkte und unkontrollierbare Haltung von einheimischen Singvögeln hat der Staat mit dem Naturschutzgesetz vorgesorgt: Es verbietet das Fangen von Vögeln und das Ausnehmen der Nester. Einige Vogelarten sind jedoch von dieser Regelung ausgenommen, andere werden in der Gefangenschaft gezüchtet oder aus

Nachbarländern importiert, die nicht solche strengen Bestimmungen haben. Es ist also ganz legal, in der Tierhandlung einen Dompfaff oder ein Rotkehlchen zu erstehen. Natürlich darf man auch aus dem Nest gefallene und nicht flugfähige Vögel ins Haus holen und behalten, falls man sie durchbringt.

Fremdländische Stubenvögel werden entweder hier gezüchtet oder importiert. Die eingeführten Vögel werden häufig in ihren Heimatländern unsachgemäß gefangen und transportiert, deshalb überleben viele Tiere die Reise nicht. Bis in die Tierhandlung gelangt nur ein kleiner Teil der eingefangenen Vögel. Durch Nachfrage nach importierten Vögeln wird dieses Geschäft also noch unterstützt. Das sollte man beim Kauf bedenken.

Voliere oder Käfig?

Es ist in erster Linie eine Frage, wieviel Platz zur Verfügung steht. Fast alle Stubenvögel können ebensogut in einer geschützten Voliere leben, denn Vögel sind ja von Natur aus keine »Haustiere«. Wahrscheinlich fühlen sie sich dort auch wohler, denn kein Käfig in der Wohnung bietet ihnen soviel Bewegungsfreiheit. Wenn Sie keinen Garten haben, heißt das jedoch nicht, daß Sie keine Vögel halten sollten. Die meisten Arten gedeihen auch im Zimmer; dort sind sie außerdem von der Witterung unabhängig. Der Bau einer Voliere lohnt sich ohnehin erst, wenn Sie mehrere Tiere halten und auch mehr Zeit und Mühe investieren wollen.

Bei einer Voliere ist es nämlich nicht damit getan, ein Stück Garten durch eine Einzäunung mit Maschendraht für die Vögel zu reservieren. Sie brauchen vor allem ein

Es gibt ein paar goldene Regeln für den Umgang mit Vögeln, die Erwachsene und Kinder beherzigen sollten: Vermeiden Sie hastige Bewegungen. Sprechen Sie mit Ihrem Vogel nur mit ruhiger und leiser Stimme. Jagen Sie ihn nicht, und fangen Sie ihn auch nie mit einem Netz. Gewöhnen Sie ihn langsam an sich, indem Sie ihm sein Lieblingsfutter auf zwei Fingern in den Käfig reichen. Später öffnen Sie das Türchen und legen das Futter auf die ausgestreckte Hand. Erst wenn er ohne Scheu auf die Hand hüpft, können Sie ihn im Zimmer frei herumfliegen lassen.

frostfreies Haus für den Winter. Ideal ist es, wenn die Voliere an einer Hauswand steht und sich in einem Raum direkt dahinter das Winterquartier befindet, in das die Vögel durch eine Fensteröffnung ein- und ausfliegen können. Im Garten baut man das Vogelhaus aus Holz und stellt es zum Schutz gegen Insekten und Feuchtigkeit auf Füße. Als Bodenbelag verwendet man Sand oder Torf. Im Flugraum genügt auch lose Gartenerde, die man erneuert, wenn sie verschmutzt ist. Ein betonierter Boden hat den Vorteil, daß man ihn hin und wieder mit Wasser abspülen kann. Bäume für die Vögel pflanzt man dann in große Kübel.

Da die Vögel im Winter mehrere Monate im Vogelhaus zubringen, darf es nicht zu klein sein. Man rechnet wenigstens einen Kubikmeter Raum für jeden kleineren Vogel, entsprechend mehr für größere. Die halbe Größe des offenen Flugraumes ist eine gute Proportion.

Das Haus soll ständig für die Vögel zugänglich sein. Falls es kein Fenster hat, wird es tagsüber beleuchtet, denn die Vögel mögen nicht aus ihrem Flugraum ins Dunkel hineinfliegen. Lampen, Fensterscheiben und auch evtl. erforderliche Heizgeräte werden mit einem Drahtgeflecht abgedeckt. Die Tiere fliegen sonst leicht dagegen und könnten sich verletzen.

Haus und Flugraum werden mit Sitzstangen und Bäumen, mit Futter-, Trinkwasser- und Badenäpfen und mit Nistkästen zum Brüten und auch zum Schlafen »möbliert«. Vögel brauchen immer mehrere Nistkästen zur Auswahl, drinnen wie draußen; häufig ziehen sie aber die Kästen im Haus vor. Sie werden so hoch wie möglich unter der Decke angebracht – offenbar fühlen sich die Vögel dort am sichersten, wenn sie brüten.

Der größte Feind im Vogelhaus ist die winzig kleine Vogelmilbe. Sie liebt Dunkelheit und nistet mit Vorliebe in den Ritzen von trockenem Holz. Deshalb sollten Vogelhäuser und Käfige möglichst fugenlos gebaut sein. Die Milben kommen erst nachts aus ihren Verstecken und ernähren sich vom Blut der Vögel. Wenn Sie Milben entdekken, desinfizieren Sie den Käfig und besonders alle Fugen gründlich. Ebenfalls sollte man alle Nistkästen mit heißem Wasser auswaschen und desinfizieren, nachdem die Jungen das Nest verlassen haben.

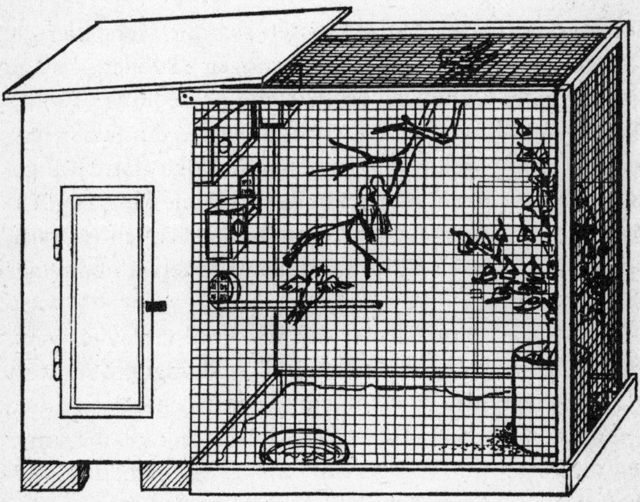

Die Freivoliere im Garten wird am besten so aufgestellt, daß der offene Teil nach Süden gerichtet ist und Schutz vor kalten Nord- und Ostwinden hat. Alle Vögel brauchen Sonne, doch sie müssen auch die Möglichkeit haben, sich unter schattige Blätter oder eine Überdachung zurückzuziehen, wenn es ihnen zu heiß wird.

Viel Flugraum, auch ohne Garten, bietet eine Vogelstube. In einer großen Wohnung können Sie eine Ecke des Zimmers mit Maschendraht abtrennen und als Vogelhaus einrichten. Sie können aber auch eine große Wandvitrine bauen oder – was am einfachsten ist – einen alten Kleiderschrank umfunktionieren, indem Sie statt der Türen Gitter einsetzen.

Ein Käfig kann nie zu groß sein

Bei den käuflichen Käfigen lassen sich die Hersteller die hübschesten Formen und Verzierungen einfallen. Lassen Sie sich nicht verführen, einen Käfig passend zur Wohnzimmereinrichtung zu kaufen. Kaufen Sie ihn lieber passend für den Vogel. Richtig sind rechteckige glatte Käfige, mehr lang als hoch. Sie bieten die optimale Flugmöglichkeit. Nur für Papageienarten, die hauptsächlich klettern, ist ein hoher runder Käfig mit einem Kletterast oder einer Leiter besser.

Kein Käfig sollte kleiner als 50 × 30 cm sein, wenn mehrere Vögel darin leben, muß er unbedingt größer sein. Als Höhe genügen 30 bis 40 cm für die Körnerfresser. Die lebhafteren Insekten- oder Weichfresser jedoch, die draußen ihr Futter im Flug erbeuten, benötigen einen mindestens 50 cm hohen Käfig. Eventuell muß das Dach mit Stoff gepolstert werden, damit sie sich beim Hochfliegen nicht verletzen.

Käfige können aus Metall oder Holz sein. Für starke Nager, wie z. B. die Papageien, kommt nur Metall in Betracht. Beim Kauf eines Gitterkäfigs für Körnerfresser muß man darauf achten, daß die Stäbe dicht genug stehen, damit die Vögel nicht ihren Kopf durchschieben können und steckenbleiben. Kletternde Vögel wie Wellensittiche freuen sich über querstehende Stäbe, an denen sie turnen können. Die Seitenwände sollten im unteren Teil durch herausziehbare Glasplatten oder eine Kunststoffwanne

Beim Kauf eines Käfigs kommt es weniger auf Schönheit als auf Zweckmäßigkeit an. Geschwungene Käfigformen schränken nur die Bewegungsfreiheit des Vogels ein. Stubenvögel sind am besten in einem rechteckigen Holz- oder Metallkäfig untergebracht. Für die Inneneinrichtung genügen einige Sitzstangen, Wasser- und Futternapf und zeitweilig eine kleine Badewanne. Ein Glassockel außerhalb der Gitterstäbe schützt den Fußboden vor herumfliegenden Futterresten.

abgedeckt sein, sonst fliegen die Hülsen des Vogelfutters zu leicht ins Zimmer. Für Weichfutterfresser werden meist geschlossene Kastenkäfige aus Holz oder Metall verwendet, die nur an einer Seite mit Gitter versehen sind.

Eine herausziehbare Bodenschublade erleichtert die Reinigung. Auf den Boden kommt feiner gereinigter Sand, den man am besten kauft. Er muß jeden zweiten oder dritten Tag, bei mehreren Vögeln sogar täglich gewechselt werden.

Der Käfig darf nicht in der prallen Sonne stehen; eine Ecke muß wenigstens immer im Schatten liegen. Vor allem muß er vor Zugluft geschützt sein, denn Vögel sind dagegen sehr empfindlich. Abends sollten Sie den Käfig mit einem Tuch zudecken. Der Vogel fühlt sich dann geborgen und hat seine Ruhe, während Sie fernsehen. Er ist auch geschützt, wenn die Zimmertemperatur in der Nacht absinkt.

Das gehört in den Käfig

Stangen aus weichem Holz oder auch kleine Naturzweige dienen dem Vogel als Sitzplatz. Sie werden in verschiedenen Höhen angebracht und müssen soviel Abstand von der Wand haben, daß der Vogel sich umdrehen kann, ohne den Schwanz anzustoßen. Die Stärke der Stangen richtet sich nach der Größe der Füße: Sie sollen die Stange fest umklammern. Wenn Sie nicht ganz sicher sind, probieren Sie mehrere Stangen aus. Sie werden schnell merken, welche Dicke der Vogel bevorzugt. Drei Stangen sind das Minimum. Die Sitzstangen müssen häufig mit heißem Wasser gereinigt werden, denn schmutzige Stangen verursachen Fußentzündungen. Wachsen die Krallen allzu lang, weil sie zu wenig abgenutzt werden, so können sie den Vogel behindern. Mit einem Nagelknipser kann man die äußersten Spitzen vorsichtig abschneiden.

Ein Wasserbehälter muß vorhanden sein, denn frisches, nicht zu kaltes Trinkwasser muß immer zur Verfügung stehen. Futter dagegen wird zugeteilt, sonst werden die Vögel leicht zu dick. Das geht am besten mit einem Futterautomaten. Wenn Sie jedoch Körner in einen Napf füllen, sollten Sie öfter den Inhalt kontrollieren: Manchmal liegen so viele leergepickte Schalen obenauf, daß Ihr Vogel bei voller Schüssel verhungern könnte.

Vögel baden gern, die meisten in Wasser, einige aber auch im Bodensand. Sie putzen sich anschließend sehr gründlich und halten so ihr Gefieder sauber. Es gibt kleine Badehäuschen, die Sie von außen an die Türöffnung hängen. Sie können auch eine flache Schale, je nach Größe des Vogels 2 bis 5 cm tief, mit Wasser füllen. Lauwarmes Wasser mögen die Vögel am liebsten. Es genügt, wenn ihnen die Badegelegenheit täglich für eine Stunde zur Verfügung steht; sie wird sonst nur verschmutzt.

Was Vögel gern fressen

In der Vogelwelt unterscheidet man zwischen den Körnerfressern, die man an ihren breiten stumpfen Schnäbeln erkennt, und den Weichfutterfressern mit ihren langen, spitzen Schnäbeln, mit denen sie die Insekten aus den schmalsten Baumritzen herausholen können. Körnerfresser sind leichter zu halten. Man kann ihnen Futter und Wasser auf Vorrat geben und sie getrost ein paar Tage allein lassen, vor allem dann, wenn man einen automatischen Futterspender hat. Bei den Weichfressern ist das nicht möglich. Ihr Futter würde zu schnell verderben. Es besteht hauptsächlich aus Eiweiß. Die Beschaffung des richtigen Futters ist nicht mehr so schwierig, seit es für diese Vögel fertige Futtermischungen gibt, die auch Insekten enthalten. Auf zusätzliches Frischfutter können die Weichfresser jedoch nicht verzichten. Die Jungen brauchen vor allem Lebendfutter, das macht die Aufzucht der Weichfresser etwas schwierig.

Das Futter soll abwechslungsreich sein. Für die Körnerfresser besteht es aus allen Arten von Sämereien, wie Rübsamen, Hanf, Hafer, Glanz oder Sitzsamen, Mohn und Hirse. Bringen Sie vom Spaziergang Gras- oder Unkrautsamen mit, die der Vogel selbst von den Halmen pikken kann. Das wird eine willkommene Abwechslung sein. Pflücken Sie die Halme nur nicht direkt vom Rand verkehrsreicher Straßen oder von gespritzten Feldern, es könnten chemische Stoffe daran haften, die für Vögel sehr schädlich sind. Achten Sie darauf auch bei dem Grünfutter, das Sie kaufen.

Weichfresser bekommen Insekten aller Art, Ameisenpuppen, Würmer und Mehlwürmer, aber auch geriebenes hartgekochtes Eigelb, feingeschabtes Fleisch, trockenen Magerquark, in Milch eingeweichtes Weißbrot, Vogelbiskuits, Beerenobst und andere weiche Früchte. Die beliebten Mehlwürmer und der sehr fetthaltige Hanf dürfen nur in kleinen Mengen gefüttert werden, sonst werden die Vögel zu dick.

Ganz streng kann man die Grenze zwischen Körner- und Weichfressern nicht ziehen. Die einen naschen gern mal einen Mehlwurm, Vogelbiskuits und Eigelb, die anderen verschmähen auch ein paar Hanf- oder Hirsekörner nicht. Frisches Grünfutter wie Salat, Spinat, Löwenzahn und Vogelmiere bekommen alle Vögel, wenn sie es mögen.

Auch Möhren, fein gerieben oder im Ganzen zum Knabbern, und kleine Apfelstückchen werden von manchen Vögeln gern genommen.

Wenn im Winter das Grünfutter knapp und teuer ist, können Sie sich so helfen: Bedecken Sie Körner oder Samen in einer flachen Schale knapp mit Wasser, legen Sie eine Glasplatte darauf und stellen Sie die Schale auf die Fensterbank über der Heizung. Nach kurzer Zeit keimen die Körner und bekommen grüne Spitzen. Stellen Sie dann einfach die ganze Schale in den Käfig. Auch die Jungvögel bekommen das erste Körnerfutter in vorgekeimter Form. Daneben sollten Sie auch Vitaminpräparate oder einige Tropfen Lebertran dem Futter beimischen.

Alle Vögel brauchen Kalk. Man gibt ihnen eine Sepiaschulpe, das ist die Schale des Tintenfisches, an der sie herumpicken und ihre Schnäbel wetzen, oder man streut einfach zerdrückte Eierschalen auf den Sand, die sich die Vögel herauspicken. Während der Paarungszeit kann man zusätzlich noch Kalk oder Eierschalen ins Futter mischen, damit das Weibchen keine Eier mit zu dünnen, zerbrechlichen Schalen legt.

Während die Eier vom Weibchen – bei manchen Arten auch vom Männchen – ausgebrütet werden, muß man bereits die Ernährung der Körnerfresser umstellen. Die Eltern füttern ihre Jungen nämlich mit vorgekautem Weichfutter. Sie bekommen jetzt, wie die Weichfresser, Insekten und fertiges Mischfutter, Eierbrot, Quark und besonders vorgekeimte Körner. Muß man einmal junge Vögel großziehen, so füttert man sie auch mit solchem Weichfutter, das ganz fein zerkleinert und mit einer Pinzette in den Schnabel geschoben wird. Erst wenn sie flügge sind und ihr Futter selbständig finden, erhalten die kleinen Körnerfresser die härtere Pflanzenkost.

Der kranke Vogel

Er hockt teilnahmslos auf der Stange, frißt nicht, steckt den Kopf unter die Federn. Sein sonst so glattes, glänzendes Gefieder sieht struppig und stumpf aus, die Augen blicken trübe, manchmal macht er krampfartige, taumelnde Bewegungen. Wenn Sie nicht wissen, was ihm fehlt, sollten Sie ihn für alle Fälle aus einem Gesellschaftskäfig isolieren und den Tierarzt zu Rate ziehen.

Erkältungen und Entzündungen der Atemwege sind wohl die häufigsten Erkrankungen. Der Vogel bekommt schlecht Luft, er atmet rasselnd mit geöffnetem Schnabel. Hier helfen Wärme, Rotlichtbestrahlungen, leichte Kost und zur Stärkung ein paar Tropfen Lebertran ins Futter. Inhalationen sind gut, jedoch etwas schwierig zu verabreichen: Stellen Sie eine Schüssel mit einem dampfenden Kamillenaufguß neben den Käfig und verhängen Sie beides mit Tüchern.

Darmerkrankungen erkennen Sie an den veränderten Ausscheidungen. Hartnäckige Störungen werden mit Antibiotika behandelt. Bei leichtem Durchfall streichen Sie das Grünfutter vom Speisezettel und füttern Haferflocken oder gekochte Reiskörner. Gegen Verstopfung helfen manchmal schon reichlich Grünfutter und Früchte, sonst ein paar Tropfen Rizinusöl.

Gegen Ungeziefer gibt es wirksame Insektizide. Verlangen Sie ausdrücklich ein Mittel, das unschädlich für Vögel ist, da die Tiere beim Putzen ihre Federn durch den Schnabel ziehen. Aus diesem Grund sollte man versuchen, den häufigsten Parasiten, den Vogelmilben, die sich ohnehin nur nachts auf dem Vogel aufhalten, mit gründlicher Reinigung und Desinfektion des Käfigs beizukommen.

Beim hastigen Herumfliegen brechen Vögel manchmal

einen Flügel oder ein Bein. Mit einem dünnen Hölzchen oder einem Streichholz, das Sie mit weichem Baumwolltwist festbinden, können Sie das Bein schienen. Sonst können Sie nichts weiter tun, als die Stangen im Käfig zu entfernen, damit der Vogel nicht in Versuchung kommt, große Sprünge zu machen.

Entzündete Füße baden Sie in lauwarmem Wasser und streichen anschließend eine antiseptische Salbe darauf.

Einmal oder auch zweimal im Jahr verlieren alle Vögel ganz oder teilweise ihr Gefieder. Es nimmt sie manchmal ziemlich mit. Geben Sie während der Mauser, die bis zu drei Monaten dauern kann, Vitaminpräparate, Kalk und ein besonderes Mausersalz, das es in der Zoohandlung gibt. Halten Sie den Vogel warm, denn in seinem dünnen, zerrupften Federkleid ist er besonders empfindlich.

Vögel für den Zimmerkäfig

Wie bei allen Tieren gibt es auch unter den Vögeln angenehme und bescheidene Hausgenossen und andere, die sehr empfindlich oder schwer zufriedenzustellen sind oder die sich in der Wohnung als kleine Tyrannen entpuppen. Mit streitlustigen oder penetrant lautstarken Vögeln sollte sich der Anfänger nicht belasten, er könnte sonst die Lust verlieren. Was sich in der freien Natur wie himmlische Sphärenklänge anhört, kann innerhalb der eigenen vier Wände wie eine Nervensäge wirken.

Unter den einheimischen Stubenvögeln findet man bei den Körnerfressern eine Anzahl problemloser Tiere. Der Grünling oder Grünfink, der kleine Zeisig und der Hänfling, ein guter Sänger, sind ausgesprochene Anfängervögel. Auch der hübsche Stieglitz und der verträgliche Girlitz, der Buchfink und der Gimpel oder Dompfaff sind leicht zu halten.

Kleiner ist die Auswahl von unproblematischen Vögeln bei den Weichfressern, die von erfahrenen Züchtern bevorzugt werden, weil ihr Gesang durchweg brillanter und variationsreicher ist. Empfehlenswert sind die Grasmükken, von denen die Dorngrasmücke besonders gut singt. Das Rotkehlchen ist leider etwas streitsüchtig und daher nur in großen Volieren mit anderen Vögeln zusammen zu halten. Drosseln und Stare sind ebenfalls besser in einer Voliere oder zumindest in einer Vogelstube aufgehoben. Für die Wohnung sind sie ein bißchen zu laut. Die berühmte Nachtigall ist nur ein Vogel für Fortgeschrittene; sie ist auch ziemlich selten geworden.

Die singenden Exoten

Singvögel aus Afrika und Asien, aus Australien oder Amerika sind nicht schwieriger zu halten als die einheimischen. Sie brauchen vielleicht anfangs etwas mehr Wärme, gewöhnen sich jedoch schnell an niedrige Temperaturen. Normale Zimmertemperatur vertragen sie meist recht gut. Sollen sie den Winter im Vogelhaus verbringen, muß es geheizt werden.

Einige der ausländischen Vögel sind direkt verwandt mit unseren einheimischen Singvögeln, zum Beispiel Gimpel, Girlitz, Grünling, Stieglitz und Zeisig; sie sind alle Körnerfresser. Der wilde Kanarienvogel aus der Familie der Girlitze ist die Urform unseres Zuchtkanaries. Er ist etwas kleiner und gelbgrün gefiedert. Gut zu halten und dabei interessant sind die bunten Webervögel, die sich ihr Nest für die Jungen aus Grashalmen und kleinen Zweigen regelrecht »weben«. Aus der gleichen Familie kommen die Witwen, ebenfalls sehr hübsche Anfängervögel. Beide Arten vertragen sich gut.

Zu den schönsten Exoten gehören die Finken und besonders die Prachtfinken. Diese sind jedoch etwas reserviert. Mehr Freude hat ein Anfänger an den Kleinen Kubafinken oder den Zebrafinken, die recht anspruchslos, aber auch lebhaft sind und reichlich Platz haben müssen. Ein Zebrafink braucht unbedingt Gesellschaft. Da er jedoch sehr fortpflanzungsfreudig ist, wird man gelegentlich die Natur bremsen müssen. Bei den in Nistkästen brütenden Vögeln genügt es meist, den Nistkasten zu entfernen, um den Kindersegen zu stoppen. Andernfalls muß man Männchen und Weibchen trennen.

Der Käfig für ein Pärchen Zebrafinken sollte wenigstens einen Meter lang sein und möglichst auch 80 cm hoch. Bei diesen Ausmaßen kann man schon einen verzweigten Ast hineinstellen, der für die Vögel immer interessanter ist als die einförmig runden Sitzstangen. In die oberen Ecken kommen Nistkästen aus Holz, die vordere Seite bleibt halb offen. Als Nistmaterial nehmen die kleinen Finken besonders gern Kokosfasern.

Ein schöner Vogel ist der aus Nord- und Mittelamerika stammende Rote Kardinal. Er ist jedoch etwas kämpferisch veranlagt und sollte nicht mit kleineren Vögeln den Käfig teilen.

Unter den Weichfressern ist die Chinesische Nachtigall, auch Sonnenvogel genannt, als fleißiger Sänger beliebt. Sie ist leicht zu halten, zumal sie neben dem Insektenfutter auch ganz gern kleine Sämereien frißt.

Beliebt seit 500 Jahren: Kanarienvögel

Im 15. Jahrhundert eroberten die Spanier die Kanarischen Inseln und entdeckten dort ein unscheinbares Vögelchen mit einer unwahrscheinlichen Stimme. Seitdem ist der kleine Kanarienvogel der Favorit unter den Käfigvögeln: sangesfreudig, anspruchslos und leicht zu züchten. In letzter Zeit hat er es etwas schwerer, seine Stellung gegenüber den sprechenden Wellensittichen und den bunten exotischen Singvögeln zu behaupten, doch er wird zweifellos immer seine Anhänger finden.

»Kanariengelb« ist der kleine Sänger erst durch die Zucht geworden, ursprünglich war er gelbgrün mit brauner Zeichnung. Nun versuchen die Züchter, einen richtig roten Vogel zu züchten. Es ist ihnen noch nicht ganz befriedigend gelungen, doch es sind durch Kreuzung mit anderen Vögeln schon orangefarbene, weiße, graue und grüne Kanarien entstanden. Selbst die berühmte Stimme ist nicht ganz »natur«, wenn die Begabung auch vererbt wird. Da der Kanarienvogel seinen Liedschatz durch Nachsingen erwirbt, gibt man den Junghähnen einen besonders kunstvoll schmetternden »Vorsänger« zur Gesellschaft, einen anderen Vogel oder auch nur dessen Stimme, auf Schallplatte gepreßt. Es singen jedoch nur die Männchen. Die besten Sänger sind die »Harzer Roller«.

Kanarienvögel werden sehr zahm. Man kann sie ohne weiteres den ganzen Tag im Zimmer fliegen lassen, wenn die Fenster geschlossen bleiben. Sie sollen jedoch lernen, daß der Käfig ihr Zuhause ist. Gefüttert werden die körnerfressenden Kanarien also nur dort. Haben die Vögel keine oder wenig Gelegenheit zum Ausfliegen, dann sollte der Käfig für ein Pärchen wenigstens 80 cm lang und 50 cm hoch sein. Die Zucht ist eine Wissenschaft für sich, doch das sollte Sie nicht davon abhalten, es zu versuchen. Kanarienvögel bauen ein Nest. Dafür stellen Sie ihnen am besten ein Drahtkörbchen zur Verfügung, das man in der Tierhandlung kaufen kann, und als Nistmaterial feines Gras und Stoffreste, mit denen sie das Körbchen selber auspolstern. Das Weibchen legt vier bis fünf Eier, jeden Tag eins. Erst nach dem zweiten oder dritten Ei beginnt es zu brüten. In dieser Zeit wird es vom Männchen gefüttert. Nach zwei Wochen schlüpfen die Jungen und werden nun drei Wochen lang von den Eltern aus dem Kropf geatzt.

Wellensittiche mögen nicht allein sein

Sie gehören zu den kleinsten Vertretern aus der großen Papageienfamilie und sind zweifellos die liebenswürdigsten. Man kann sie jedem empfehlen, der sich für die sprechenden Exoten interessiert. Der stumpfschwänzige Kakadu, der Graupapagei und der Lori mögen zwar sprachbegabter sein, sie in der Wohnung zu halten, ist jedoch ungleich schwieriger. Man kann sie nicht frei herumfliegen lassen, da sie mit ihren scharfen Schnäbeln alles beschädigen, abgesehen von den »Spuren«, die sie hinterlassen. Sie sind zwar Körnerfresser, doch wählerische Esser, und vor allem sagen sie nicht nur schmeichelhafte Worte im richtigen Augenblick, sondern lassen häufiger ihre durchdringende Stimme zu unpassenden Zeiten ertönen.

Als echter Papagei hat der Wellensittich zwar auch die Unart des Zernagens, doch wenn man ihm frische Zweige oder Tannenzapfen in den Käfig gibt, an denen er sich austoben kann, und außerdem seine Ausflüge ins Zimmer überwacht, bleiben die guten Möbel von seinen Aggressionen verschont.

Große Papageien baden nicht, doch sie lieben es, wenn man sie mit Wasser aus einem Zerstäuber besprüht oder sie in ihrem Käfig für kurze Zeit in den warmen Regen stellt. Kleine Papageienarten, wie die Wellensittiche, verschmähen jedoch ein gelegentliches Bad nicht. Für sie bringt man hin und wieder eine Badeschale am Käfig an.

Wenn Sie einem Wellensittich das Sprechen beibringen wollen, kaufen Sie ihn am besten im Alter von 6 bis 8 Wochen; er wird dann schnell zahm. Hat er einmal Vertrauen gefaßt, wird er bald die Worte nachplappern, die Sie ihm immer wieder vorsprechen müssen. Die beste Unterrichtszeit ist abends, dann ist er müde und ruhiger und läßt sich nicht mehr so leicht ablenken. Beginnen Sie mit ganz einfachen Silben. Erwarten Sie jedoch nicht, daß die Lektion sofort verstanden wird. Wenn er ungestört und unbeachtet ist, wird er still vor sich hin versuchen, die oft gehörten Laute nachzuahmen. Geben Sie also nicht zu früh auf, mit Geduld lernt jeder Wellensittich sprechen.

Wollen Sie jedoch, daß Ihr Vogel ein glückliches Wellensittichleben führt, dann vergessen Sie das Sprechen und kaufen Sie ihm ein Weibchen. Er wird sich nun kaum noch mit Ihnen unterhalten, dafür werden Sie jedoch eine reizende Familienidylle kennenlernen. Wellensittiche leben in Einehe, sie bleiben ihrem Partner bis ans Lebensende treu, und das können 20 Jahre sein. Ihr Gemeinschaftssinn geht aber noch über die engste Familie hinaus. In ihrer Heimat Australien leben sie in Großfamilien, und wenn Not am Mann ist, helfen sogar die Junggesellen bei der Aufzucht elternloser Sittichkinder.

Männchen und Weibchen bei den Wellensittichen gleichen sich wie ein Ei dem anderen. Nur an der Wachshaut über der Nasenwurzel kann man sie unterscheiden: Sie ist beim Männchen blau, beim Weibchen braun.

Wenn man weiß, wie liebevoll und zärtlich verspielt so ein Pärchen miteinander umgeht, dann kann man sich vorstellen, daß ein Wellensittich allein sehr einsam sein muß. Er schließt sich enger an den Menschen an, der ihm natürlich nie den wirklichen Partner ersetzen kann. Intensiv und verzweifelt beschäftigt er sich mit dem Spielzeug, das man für ihn kaufen kann – Spiegel, Glöckchen, künstliche Vögel und Stehaufmännchen –, ohne jemals eine Reaktion von dem vermeintlichen Gefährten zu erleben.

Geben sie Ihrem Pärchen zwei Nistkästen, und es wird freudig eine Familie gründen. Wellensittiche brüten auf Holz. Der Boden des Nistkastens muß eine flache Kuhle haben, damit die Eier in der Mitte zusammenrollen und nicht eins an den Rand gerät und unbebrütet bleibt. Das Weibchen legt drei bis sechs Eier und brütet sie 18 Tage lang aus, während das Männchen fürsorglich das Futter heranschafft. Nach 4 bis 6 Wochen sind die Jungvögel flügge. Noch bevor sie richtig das Nest verlassen haben, brütet die Mutter manchmal schon wieder. Die großen Geschwister helfen nachher brav bei der Aufzucht der Kleinen. Wenn man ihnen die Nistkästen nicht wegnimmt, brüten Wellensittiche oft das ganze Jahr. Für die Zucht von Wellensittichen muß man die Erlaubnis der Polizeibehörde haben und ein Zuchtbuch führen. Dies ist keine Schikane, sondern dient der Bekämpfung der auch für den Menschen schädlichen Papageienkrankheit.

Tauben – Friedensboten und Leckerbissen

In einem größeren Käfig, der mindestens ein Meter lang ist, in einer Vogelstube oder Voliere können Sie Tauben halten. Sie sind sehr anspruchslose und friedliebende Tiere, selbst gegen streitlustige kleinere Vögel setzen sie sich nicht zur Wehr. Im allgemeinen werden sie schnell zahm. Neuerworbene Tiere hält man zuerst einige Wochen im Käfig, bis sie sich an ihre neue Umgebung und ihre Pfleger gewöhnt haben. Später kann man sie frei im Raum und sogar draußen fliegen lassen; sie kehren von selber in ihren Schlag zurück.

Will man Tauben und speziell Brieftauben züchten, kann man gut einen ungenutzten Bodenraum für sie einrichten. Taubenzüchtervereine stehen dem Neuling auf diesem Gebiet gern mit Rat und Tat bei. Die Familie hat jedoch nicht viel davon, wenn oben unterm Dach ein paar Tauben hausen. Quartieren Sie lieber ein Pärchen in der Wohnung, im Garten oder auf dem Balkon ein. Die Ausflüge und Spaziergänge sollten nur nicht gerade im Wohnzimmer erfolgen: Tauben machen bekanntlich Mist. Dieses Argument führen auch die Taubengegner immer an, wenn es darum geht, daß die Tauben aus den Städten verbannt werden sollten.

Einmal Vogel der Liebesgöttin und Friedensbote, einmal Delikatesse – so wechselhaft war das Ansehen der Taube, die nachweislich schon seit 5000 Jahren in der Nähe des Menschen lebt. Von den annähernd 200 Arten hat sich die zartschillernde graue Felsentaube zur bekannten Haus- und Straßentaube entwickelt. Weniger domestiziert, jedoch kleiner und daher eher in einem Zimmerkäfig zu halten sind die Turtel- und Türkentauben. Auch die Lachtaube eignet sich für den Käfig. Diese Arten brüten in offenen Nestern. Man gibt ihnen ein Drahtkörbchen und kleine Zweige als Nistmaterial. Die Haustaube dagegen ist ein Höhlenbrüter, sie zieht einen geschlossenen Nistkasten vor. Tauben legen zwei weiße Eier. Die Jungen, die nach 16 bis 18 Tagen schlüpfen, werden in den ersten Tagen mit einem Brei gefüttert, der sich im Kropf der Eltern bildet. Später bekommen sie vorgekeimte Sämereien. Erwachsene Tauben fressen neben den üblichen Vogelsamen auch größere Körner wie Erbsen, Linsen und Mais.

Welches Tier für welches Alter?

	So alt werden Haustiere bei guter Pflege	In diesem Alter können Sie Ihrem Kind ein Tier schenken
Goldhamster	2– 3 Jahre	4– 5 Jahre
Meerschweinchen	6– 8 Jahre	4– 5 Jahre
Weiße Mäuse	2– 3 Jahre	5– 6 Jahre
Kaninchen	6– 8 Jahre	5– 6 Jahre
Streifenhörnchen	4– 6 Jahre	5– 6 Jahre
Hund	12–14 Jahre	6– 8 Jahre
Katze	12–15 Jahre	6– 8 Jahre
Fische	2–10 Jahre	8–10 Jahre

In diesem Alter kann das Kind verantwortlich für sein Tier sorgen	Gute Eigenschaften, die Kinder an ihrem Tier schätzen	Nachteile
6– 8 Jahre	zutraulich, leicht zu pflegen, billig zu halten	ist ein Nachttier, schläft tagsüber
6– 8 Jahre	robust, gutmütig	riecht leicht
6– 8 Jahre	lebhaft, nicht empfindlich	sehr fortpflanzungsfreudig
6– 8 Jahre	ruhig, genügsam	benötigt viel Futter
6– 8 Jahre	lebhaft, anspruchslos	wird selten zahm
8–10 Jahre	guter Spielgefährte und Kinderfreund	braucht viel Aufmerksamkeit
8–10 Jahre	anhänglich, unterhaltend	eigenwillig, distanziert
10–14 Jahre	lehrreich, interessant zu beobachten	gedeihen nur bei sorgfältiger Pflege

	So alt werden Haustiere bei guter Pflege	In diesem Alter können Sie Ihrem Kind ein Tier schenken
Terrarientiere	10–20 Jahre	8–10 Jahre
Laubfrosch	10–20 Jahre	6– 8 Jahre
Schildkröte	15–30 Jahre	4– 6 Jahre
Kanarienvögel	10–15 Jahre	6– 8 Jahre
Wellensittich	10–15 Jahre	6– 8 Jahre
Tauben	8–12 Jahre	8–10 Jahre

In diesem Alter kann das Kind verantwortlich für sein Tier sorgen	Gute Eigenschaften, die Kinder an ihrem Tier schätzen	Nachteile
10–14 Jahre	interessant zu beobachten	phlegmatisch, verstecken sich viel
8–10 Jahre	lebhaft, kletterfreudig	laute Stimme beim Männchen
8–10 Jahre	gutmütig, kinderfreundlich	hält Winterschlaf, daher monatelang nicht zu sehen
10–12 Jahre	zutraulich, munter	benötigt großen Flugraum
10–12 Jahre	unterhaltend, sprachbegabt	braucht Gesellschaft
10–12 Jahre	friedlich, munter	machen viel Schmutz

Verzeichnis weiterführender Literatur über die verschiedenen Haustiere, die in diesem Buch behandelt werden:

Kleine Säugetiere

Fiedelmeier, Leni: Mein Goldhamster. Von der Wüste in die Wohnstube. (Lehrmeister-Bücherei, Nr. 27.) Minden o. J., A. Philler. 32 Seiten mit 9 Abbildungen.

Schmidt, Günter: Mäuse, Ratten und Meerschweinchen. Haltung, Pflege und Zucht. (Lehrmeister-Bücherei, Nr. 698.) Minden o. J., A. Philler. 103 Seiten mit 13 Abbildungen.

Schwammberger, Karl: Kleine Säugetiere, richtig gepflegt. (Das Vivarium.) Stuttgart 1968, Franckh. 72 Seiten mit 36 Zeichnungen.

Der Hund

Busack, Walter: Das neue Hundebuch. Die richtige Ernährung, Pflege und Abrichtung des Hundes. (Falken-Bücherei, Band 9.) Wiesbaden 1970, Falken-Verlag. 64 Seiten mit zahlreichen Fotos und Tafeln.

Fiedelmeier, Leni: Der Familienhund. Aufzucht, Pflege, Erziehung. Stuttgart 1965, Franckh. 156 Seiten mit 32 Fotos und 16 Tafeln.

Klever, Ulrich: Knaurs Hundebuch. Das Handbuch für den Hundefreund. München, Neuauflage 1971, Droemersche Verlagsanstalt Th. Knaur. 268 Seiten mit zahlreichen Fotos und Tafeln.

Klever, Ulrich: Dein Hund, das unverstandene Wesen. Stuttgart 1972, Belser. 250 Seiten mit ca. 100 teils farbigen Abbildungen.

Reiter, Fred.: So erzieht man seinen Hund zum Hausgenossen. Zürich, 5. Auflage 1971, A. Müller. 144 Seiten mit 11 Zeichnungen.

Schultz-Roth, Ulla: Ullstein-Hundebuch. Haltung, Intelligenz und Charakter der Hunderassen. Berlin 1972, Ullstein. 362 Seiten mit 16 teils farbigen Abbildungen.

Trumler, Eberhard: Mit dem Hund auf Du. Zum Verständnis seines Wesens und Verhaltens. München 1971, Piper. Ca. 300 Seiten mit zahlreichen Abbildungen.

Waleffe/Barbon: Freude mit Hunden. München 1972, Herbig. 160 Seiten.

Withney, Leon, F.: Alles über Ihren Hund. (BLV-Leitfaden für Hundefreunde.) München 1972, BLV-Verlagsgesellschaft. 164 Seiten.

Die Katze

Fiedelmeier, Leni: Die Familienkatze. Wie man sie pflegt und erzieht. (Lehrmeister-Bücherei, Nr. 885.) Minden o. J., A. Philler. 111 Seiten mit 16 Fotos.

Flury, Trudi: Freundschaft mit Katzen. Zürich 1970, Schweizer Verlagshaus. 128 Seiten mit zahlreichen Fotos.

Petzsch, Hans: Die Katzen. Ein Taschenbuch über die Groß-, Mittel-, Klein- und Hauskatzen der Erde. Melsungen 1969, Neumann-Neudamm. 182 Seiten mit zahlreichen Abbildungen.

Reney, Marc.: Unsere Katzen. (Hallwag-Taschenbücher, Band 54.) Bern, Neuaufl. 1970, Hallwag. 64 Seiten mit zahlreichen Fotos.

Schulberg, How.: Deine Katze und du! Zürich 1963, A. Müller. 159 Seiten mit 12 Abbildungen und Tafeln.

Waleffe/Weiss: Freude mit Katzen. München 1970, Herbig. 158 Seiten.

Fische

Frey, Hans: Aquarienpraxis kurz gefaßt. Melsungen, 7. Auflage 1970, Neumann-Neudamm. 122 Seiten mit zahlreichen Zeichnungen.
– Das Aquarium von A – Z. Melsungen, 11. erg. Auflage 1971, Neumann-Neudamm. Ca. 700 Seiten mit ca. 800 Abbildungen.

Klingbeil, Karsten: Das bunte Aquarien-Buch. Gütersloh, Neuauflage 1971, Bertelsmann Ratgeberverlag. 191 Seiten mit zahlreichen Zeichnungen.

Ostermöller, Wolfgang: Die Aquarienfibel. Eine Aquarienkunde für jedermann. (Das Vivarium.) Stuttgart, 2. erw. Auflage 1969, Franckh. 86 Seiten mit zahlreichen Abbildungen.

Sachs, Walter Bernh.: Aquarienpflege leicht gemacht. Eine Anleitung zur Einrichtung und Pflege von Warmwasser-, Kaltwasser- und Seewasser-Aquarien sowie die Beschreibung geeigneter Fischarten, ihre Behandlung und Zucht. Stuttgart, 11. Auflage 1968, Franckh. 105 Seiten mit 82 Abbildungen und 8 Farbfotos.

Sterba, Günther: Aquarienkunde.
Band 1, Aquarientechnik, Biologie, Ökologie und Anatomie der Fische. Melsungen, Neuauflage 1971, Neumann-Neudamm. 415 Seiten mit 268 Abbildungen und 64 Tafeln.
Band 2, Fischkrankheiten, Aquarien- und Paludarienpflanzen, Korallenfische. Melsungen, Neuauflage 1970, Neumann-Neudamm. 364 Seiten mit 251 Abbildungen und 56 Tafeln.

Vogt/Wermuth: Knaurs Aquarien- und Terrarienbuch. Das Haus- und Handbuch der Vivaristik. München, Neuauflage 1971, Droemersche Verlagsanstalt Th. Knaur. 279 Seiten mit zahlreichen Abbildungen.

Zimmermann, Arth.: Das Aquarium. Bern, 6. verb. Auflage 1971, Hallwag. 64 Seiten mit zahlreichen Farbtafeln.

Terrarien-Tiere

Aleven, I. M.: Alles über das Terrarium. Stuttgart 1970, Kerner. 176 Seiten mit zahlreichen Abbildungen.

Bechtle, Wolfg.: Bunte Welt im Terrarium. 120 Tiere in Farbe. (Bunte Kosmos-Taschenführer.) Stuttgart 1971, Franckh. 72 Seiten mit 120 Farbfotos.

Klingelhöffer, Wilh.: Terrarienkunde. Tl. 2 Lurche. Stuttgart, 2. neubearb. Auflage 1956, Kerner. 236 Seiten mit 184 Abbildungen und 3 Farbtafeln.

Menzel-Tettenborn, Helga: Das bunte Terrarien-Buch. Gütersloh 1967, Bertelsmann Ratgeberverlag. 191 Seiten mit zahlreichen Abbildungen.

siehe: Knaurs Aquarien- und Terrarienbuch.

Vögel

Nicolai, Jürgen: Käfig- und Volierevögel. Eine Auswahl einheimischer und tropischer Vögel für Käfig und Voliere. (Das Vivarium.) Stuttgart, 2. Auflage 1968, Franckh. 73 Seiten mit 85 Zeichnungen und 2 Fototafeln.
– Vogelhaltung, Vogelpflege. Eine Anleitung zur sachgemäßen Vogelhaltung für jedermann. Stuttgart, 2. Auflage 1967. 65 Seiten mit 13 Zeichnungen.

Rutgers, A.: Handbuch für Zucht und Haltung fremdländischer Vögel. Melsungen, 2. Auflage 1971, Neumann-Neudamm. 528 Seiten mit zahlreichen Abbildungen.

Sachs, Walter, Bernh.: Vogelpflege leicht gemacht. Stuttgart, 2. Auflage 1965, Franckh. 124 Seiten mit zahlreichen Abbildungen.

Kinder lernen Tiere kennen

Welche Tiere siehst du hier?
Ohne Tiere geht es nicht

von Stefan Lemke und Marie-Luise Pricken.
Zwei Pappbilderbücher für Kinder ab 3 Jahren, die Tiere vorstellen und zeigen, womit sie uns nützen.

Wie kleine Tiere groß werden

von Wolfgang de Haën.
Ein Kartonbilderbuch über die Entwicklung der Tiere: Vögel, Mäuse, Fische, Frösche, Schnecken. Ab 4 Jahren.

Mein großes Tierbilderbuch

von Vera Croxford, Text von Deirdre Dillon.
Eine informative Tierschau in naturgetreuen Bildern mit einheimischen und fremdländischen Tieren. Ab 5 Jahren.

Der Natur auf der Spur

von Hans Jürgen Press.
Anregungen zu eigenem Beobachten und Untersuchen in der Natur, aber auch zu Hause, in Aquarium und Terrarium. Über 200 Beispiele mit knappem Text und einprägsamen Zeichnungen. Ab 10 Jahren.

Säugetiere in Farben

von Roswitha Rietschel-Kluge.
172 wildlebende Säugetiere Europas. Ein Grundlagenwerk.

Otto Maier Verlag Ravensburg

Ravensburger Elternbücher

Die erste Taschenbuchreihe für Eltern mit den Themen Ehe, Kindererziehung, Familie

Band 1 *Mutti, was soll ich lesen.*
Von Sybil Gräfin Schönfeldt

Band 4/5/6 *Aus dem Sprechzimmer des Kinderarztes.*
Von Rudolf Anderes

Band 7/8 *Was Eltern über Aufklärung wissen sollten.*
Von Dr. Peter Kolosimo

Band 9 *Das Spiel in der Entwicklung des Kindes.*
Von Paul Moor

Band 10/11 *Hilfe für das cerebral gelähmte Kind.*
Von Nancie R. Finnie

Band 12 *Flucht zum Rausch.*
Von Renate Zauner

Band 13/14 *Moderne Eltern – moderne Erziehung.*
Elternschule des Südwestfunks.
Herausgegeben von Dr. Elsa Pippert-Bernhofer

Band 15/16/17 *Liebe, Disziplin und Freiheit bei der Erziehung von Kindern und Jugendlichen.*
Von J. A. Hadfield

Band 18/19 *Was ist vorschulische Erziehung?*

Band 20/21/22 *Das Buch vom Baby.*
Von Sybil Gräfin Schönfeldt

Band 23 *Eltern und Teenager.*
Von Dr. Haim G. Ginott

Band 24/25/26 *Lenins Enkel.*
Vorschulerziehung in der Sowjetunion.
Von Kitty D. Weaver

Band 27 *Zeichnen und Malen mit Kindern.*
Von Rudolf Seitz

Band 28 *Adoptiveltern – Adoptivkinder.*
Von Helmtrud Edelmann

Band 29/30 *Erziehung im Umbruch.*
Elternschule des Südwestfunks, Band 2.
Herausgegeben von Dr. Elsa Pippert-Bernhofer

Band 31/32/33 *Die Entwicklung des geistig behinderten Kindes.*
Von Dr. Maria Egg

Band 34/35 *Sexualität, Ehe, Familienplanung.*
Von Georges André Hauser

Band 37/38 *So wachsen Kinder in die Welt.*
Von Ilse Pichottka

Band 39 *Unfälle müssen nicht sein.*
Von Thomas M. Zottmann

Ravensburger Spiele

Mit »Ravensburger Spielen« auf Entdeckungsreise. Aus der Vielfalt der Themenbereiche wählt das Kind immer wieder fasziniert die Tierspiele mit den bunten Bildern aus. Drei der schönsten Spiele zum Thema Tierwelt stellen wir Ihnen hier vor:

Geheimnisvolle Natur

Dieses Quartett ist ein hervorragendes Anschauungsmaterial für den Naturkundeunterricht. Farbfotos mit ausführlichen Erläuterungen zeigen die einzelnen Entwicklungsstufen im Tierreich.

Tiere aus aller Welt

Ein Tierlotto, mit dem Kinder beim Spielen die wichtigsten einheimischen und exotischen Tiere kennenlernen und sich einprägen. Schöne Farbfotos zeigen die Tiere in ihrer natürlichen Umgebung. Unter jedem Bild auf der Legetafel ist die Bezeichnung des Tieres angegeben.

Natur-Memory

Memorys sind ein gutes Gedächtnis- und Konzentrationstraining. Dieses Memory aber bietet noch mehr: Spielend lernt das Kind dabei Namen und Aussehen zahlreicher Tiere und Pflanzen kennen, die auf herrlichen Farbfotos dargestellt sind.